Guttentagsche Sammlung
Nr. 59. Preußischer Gesetze. Nr. 59.
Textausgaben mit Anmerkungen und Sachregister.

Gesetz über die Bildung der neuen Stadtgemeinde Berlin.

Vom 27. April 1920.

Textausgabe mit Einleitung, Anmerkungen u. Sachregister

bearbeitet von

Paul Wölbling,
Magistratsrat der Stadt Berlin.

2. Auflage
mit dem Gesetz zur Änderung des Gesetzes vom 7. Oktober 1920, den Ausführungsbestimmungen und dem Ortsgesetz für die Durchführung der Verhältniswahl.

Berlin und Leipzig 1921.
Vereinigung wissenschaftlicher Verleger
Walter de Gruyter & Co.
vormals G. J. Göschen'sche Verlagshandlung — J. Guttentag, Verlagsbuchhandlung — Georg Reimer — Karl J. Trübner — Veit & Comp.

Inhaltsverzeichnis.

Einleitung.

I.

Die gemeinsame Entwicklung Berlins und seiner Vororte.

Die Stadt Berlin und die umliegenden Gemeinden haben in den letzten 40 Jahren eine außerordentliche Entwicklung entfaltet, der etwas Ähnliches in Preußen nur in dem rheinisch-westfälischen Industriegebiet und vielleicht noch in Oberschlesien an die Seite gestellt werden kann. Für ein derartig umfangreiches Gemeinwesen, wie es die Großgemeinden darstellen, passen die bestehenden Städteordnungen nicht mehr. (Vergl. hierüber meinen Vortrag auf dem dritten Kongreß der Internationalen Vereinigung für Rechts- und Wirtschaftsphilosophie in Frankfurt a. M. zu Pfingsten 1914, Archiv für Rechts- und Wirtschaftsphilosophie Bd. VIII).

Die Preußische Landesversammlung hat nun aber nicht eine allgemeine Regelung der Großgemeinden in die Hand genommen, sondern man hat das Groß Berliner Problem herausgegriffen, weil dieses schon seit Jahren im Mittelpunkt der kommunalpolitischen Erörterungen steht, und weil es als das dringlichste erschien. Sie hat sich zugleich auf die notwendigsten Ergänzungen der geltenden Städteordnung beschränkt.

Die Ortschaften rund um Berlin sind in ihrer Entwicklung ganz wesentlich durch das Wachstum der Stadt Berlin beeinflußt worden. Erst durch die nahe Berührung mit Berlin ist in den meisten von ihnen die Einwohnerzahl sprunghaft angewachsen, und mit diesem Wachstum ist ein Hineinleben in den wirtschaftlichen Komplex entstanden, den wir seit langer Zeit schon als Groß-Berlin zu bezeichnen gewohnt sind. Die Verbindung dieser Gemeinden untereinander und mit der Stadt Berlin ist eine so enge geworden, daß die Grenzen der Gemeinden äußerlich oft gar nicht mehr erkennbar sind. Die Reichshauptstadt Berlin ist wirtschaftlich, verkehrspolitisch, kulturell, gesellschaftlich und steuerpolitisch der Mittelpunkt der Groß-Berliner Gesamtheit geworden.

Die Zahl der Bürger Groß Berlins, die ihren Lebensunterhalt aus Berlin oder einer der größeren Nachbargemeinden gewinnen, aber der gesünderen und billigeren und wirtschaftlich besseren Wohnungsverhältnisse wegen sowie aus steuerlichen Gründen in den mehr ländlichen Vororten wohnen, ist eine außerordentlich große. Das übt einen maßgebenden Einfluß auf die Gestaltung der Verkehrsverhältnisse aus, und in gesundheitlicher Beziehung sind die Wälder in der Umgegend von Groß Berlin der Jungbrunnen, aus dem die städtische Bevölkerung Berlins regelmäßig Erholung und Kraft schöpft, um den gewaltigen körperlichen und seelischen Anforderungen genügen zu können, welche das fieberhaft pulsierende Leben der Hauptstadt des sich rasch entwickelnden und jetzt den schwersten Daseinskampf durchkämpfenden Deutschen Reiches an sie stellt.

Die für jedermann offen zutage liegende Erkenntnis, daß die Groß-Berliner Gemeinden zusammengehören, hat aber nicht zu einem freiwilligen Zusammenschluß geführt.

Nur im Wege des staatlichen Zwanges konnte nach jahrzehntelangen Verhandlungen, über welche eine in der Öffentlichkeit nicht bekanntgewordene Denkschrift des

Oberbürgermeisters Kirchner vom Jahre 1908 Auskunft gibt, durch das Zweckverbandsgesetz für Groß Berlin vom 19. Juli 1911 ein Zusammenschluß zwecks Regelung der Straßenbahnen, von Straßenfluchtlinien und Schaffung von Freiflächen herbeigeführt werden.

Diese Ziele hat der Zweckverband erreicht,*) aber bei der Uneinigkeit der Gemeinden und der die Gemeindepolitik beeinflussenden politischen Parteien war ein weiterer Ausbau des Zweckverbandes nicht möglich.

Mit besonderem Nachdruck wurde ein Zusammenschluß auf dem Gebiete des Arbeitsnachweises angestrebt. Die sich günstig entwickelnden Verhandlungen wurden aber durch den Kriegsbeginn unterbrochen und führten erst im Laufe des Krieges zu der freien Vereinigung der Groß Berliner Gemeinden in dem Ausschuß der Groß Berliner Arbeitsnachweise, dessen Satzung vom Jahre 1917 bereits der künftigen Entwicklung insofern vorgreift, als sie nicht nur die Aufstellung gemeinschaftlicher Grundsätze und Richtlinien für den Arbeitsnachweis, sondern auf dem wichtigen Gebiete der Facharbeitsnachweise eine völlig einheitliche Verwaltung, und zwar durch die der Berliner Verwaltung angeschlossenen Kuratorien, herbeiführte. Dieser Ausschuß übernahm später auch die Zentralauskunftsstelle der Groß Berliner Arbeitsnachweise, deren Hauptaufgabe in dem Ausgleich der unerledigten Aufträge der nichtgewerbsmäßigen Arbeitsnachweise und in der Begutachtung von Reklamationen heeresdienstpflichtiger Arbeiter bestand, und an deren Stelle jetzt das Landesarbeitsamt Groß Berlin mit noch weitergehenden Aufgaben getreten ist, namentlich das Arbeitsbeschaffungsamt (siehe Satzung vom 5. Februar 1920).

*) Siehe Verhandlung der verfassunggebenden Preußischen Landesversammlung vom 2. Dezember 1919, S. 6992, Dag. 7036.

Die dringende Not des Krieges zwang die Groß-Berliner Gemeinden nach und nach zu einer Vereinigung auf dem Gebiete einer großen Reihe kriegswirtschaftlicher Aufgaben. So entstanden der Lebensmittelverband, die Fettstelle, die Mehlverteilungsstelle, der Kohlenverband, die Preisprüfungsstelle, die Viehverteilungsstelle, die Pferdefleischversorgungsgenossenschaft, der Wirtschaftsbezirk Groß-Berlin für Kleiderverwertung und die Fischversorgung Groß-Berlin. Hierzu kommt noch der Wohnungsverband Groß-Berlin zur Vorbereitung und Durchführung gemeinsamer Maßnahmen zur Bekämpfung der Wohnungsnot und das Rettungsamt Groß-Berlin mit dem Zwecke der Vereinheitlichung des Rettungs- und Krankentransportwesens. Zur Erledigung wichtiger mit der Demobilmachung zusammenhängender wirtschaftlichen Aufgaben, z. B. der Erwerbslosenfürsorge, der Regelung von Notstandsarbeiten usw., wurde bei Beendigung des Krieges der Demobilmachungsausschuß Groß Berlin gebildet, als dessen Unterabteilung für die auf dem Gebiete des Arbeitsnachweises liegenden Demobilmachungsfragen der Ausschuß der Groß-Berliner Arbeitsnachweise diente, der im übrigen seine bisherigen Aufgaben beibehielt. Der Ausschuß der Groß-Berliner Arbeitsnachweise regelte in dieser Eigenschaft in einheitlicher Weise das Schlichtungswesen für das Hauspersonal durch Schaffung von örtlichen Schlichtungsausschüssen und einer gemeinsamen Beschwerdekommission.

Ohne die förmliche Bildung eines gemeinsamen Organs fanden regelmäßige Aussprachen über wichtige Gemeindeangelegenheiten statt. So vereinigten sich in den letzten Kriegsjahren allwöchentlich Vertreter der Groß Berliner Gewerkschaften unter dem Vorsitz des Oberbürgermeisters von Berlin mit Vertretern der Gemeinden zur Erörterung der Lebensmittelversorgung. Man einigte sich schließlich zu einem gemeinsamen Vorgehen bei der Regelung der Beamten- und Angestelltenverhältnisse.

Auf diese Weise war die Schaffung einer einheitlichen Organisation für Berlin und seine Vororte vorbereitet, aber es war doch keine Regelung für die Dauer, und auf dem Wege des losen, jederzeit kündbaren Zusammenschlusses konnte eine befriedigende Lösung der bestehenden Übelstände nicht erreicht werden.

Diese Übelstände machten sich besonders auf einer Reihe von Gebieten der Gemeindeverwaltung bemerkbar, die ohne sachlichen Grund das Bild einer im höchsten Maße nachteiligen Zersplitterung und des Gegeneinanderarbeitens der einzelnen aufeinander angewiesenen Gemeinden zeigten.

Zu diesen Gebieten gehörten die Gas-, Wasser- und Elektrizitätsversorgung und die Kanalisation für die Abwässer. Hier gibt es nicht weniger als 17 Wasserwerke, 43 Gas- und 15 Elektrizitätswerke. Wegen der Legung von Rohren, Gleisanschlüssen und Kabeln mußten oft wochen-, monate-, jahrelange, nicht selten erfolglose Verhandlungen geführt werden. Buchstäblich suchte eine Gemeinde der anderen das Wasser abzugraben, und ein See, der der einen Gemeinde zur Entnahme von Trinkwasser diente, wurde von einer anderen für die Aufnahme ihrer Abwässer benutzt! Das Fehlen einer einheitlichen Gemeindepolitik machte sich vornehmlich geltend bei der Bebauungs- und Siedlungsreform. Hier fehlen den Gemeinden, welche noch über ausreichende Landflächen verfügen, die Mittel für eine bauliche Ausnutzung, während die größten Gemeinden, insbesondere Berlin selbst, zwar ein dringendes Bedürfnis und auch die sonstigen Mittel für eine großangelegte Wohnungsbaupolitik besitzen, aber auf ihrem Weichbild keinen Platz mehr dafür haben.

Ebenso nachteilig ist die Zersplitterung bei der Gesundheitspflege, dem Krankenhaus- und Heimstättenwesen, beim Säuglings- und Kinderschutz, auf dem Gebiete der Geburtshilfe und Schwangerschaftsfürsorge, bei der Bekämpfung ansteckender Krankheiten, der Irrenfürsorge, der sozialen Versicherung und dem Armenwesen. Neuerdings ist hier noch während der Beratung über das Gesetz, betr. die Schaffung einer neuen Gemeinde Berlin auf dem Gebiete der Berufsberatung ein vollständig zusammenhangloses Nebeneinanderarbeiten der Groß Berliner Gemeinden ins Kraut geschossen, das sogar die bis dahin gemeinsame und durch die Satzung des Ausschusses der Groß-Berliner Arbeitsnachweise für gemeinsam erklärte Lehrstellenvermittlung einer bedauerlichen Zersplitterung ausgeliefert hat.

Ein übles Bild der Zersplitterung und Zerfahrenheit bietet das Schulwesen, insbesondere auch auf dem Gebiete der Fach- und Fortbildungsschulen, und der Mangel eines einheitlichen Steuerwesens verhinderte einen gleichmäßigen Ausbau der gerechten Verteilung der Lasten nach der Leistungsfähigkeit der Gemeinden.

II.

Frühere Versuche einer gesetzlichen Lösung des Groß Berliner Problems.

Die Versuche einer gesetzlichen Regelung der Groß Berliner Verwaltung gehen bis auf das Jahr 1875 zurück. Sie bewegten sich damals in der Richtung einer besonderen Provinz Groß Berlin. Dieser Gedanke wurde aber aufgegeben, und im Jahre 1902 wurde die Lösung im Wege einer größeren Eingemeindung versucht, die aber gleichfalls scheiterte und schließlich in die Schaffung des Zweckverbandes Groß Berlin durch das Gesetz vom

11. Juli 1911 auslief, dessen Aufgaben sich auf die drei Aufgaben der Schaffung von Fluchtlinien, der Straßenbahnen und der Freiflächen beschränkten.

Eine Reihe von Vorortgemeinden haben die Weiterentwicklung dieses Gedankens bis zum Erlaß des Gesetzes vom 27. April 1920 weiterverfolgt, indem sie dem Zweckverband die Befugnis zuerteilen wollten, seine Kompetenz selbst auszudehnen oder unter Beibehaltung der bestehenden Gemeinden diesen übergeordnet eine Gesamtgemeinde zu bilden.

Dieser Gedanke unterlag aber in der gesetzgebenden Versammlung der Ansicht derjenigen, welche den Standpunkt einer Einheitsgemeinde vertraten, wobei allerdings durch die Bildung von Bezirken mit einer Bürgervertretung und eigener Verwaltung von weitgehender Selbständigkeit den Gegnern bedeutsame Zugeständnisse gemacht wurden. Dadurch ist ein Gebilde zustande gekommen, das zwar die Möglichkeit freiester Entfaltung in sich trägt, aber dennoch so neuartig ist, daß man bei der Beurteilung seiner künftigen Entwicklung eine gewisse Vorsicht obwalten lassen muß.

Es wird alles darauf ankommen, daß man bei Ausnutzung der gegebenen Möglichkeiten mit ebensoviel Tatkraft wie weisem Maßhalten vorgeht.

III.

Der Inhalt des Gesetzes vom 27. April 1920.

Das Gesetz bringt keine vollständig neue Stadtverfassung für die neue Gemeinde Berlin, sondern es behält im wesentlichen die durch die Städteordnung vom 30. Mai 1853 gegebene Verfassung mit den diese ergänzenden Gesetzen, namentlich den neuen Wahlbestimmungen der Verordnungen vom 24. und 31. Januar 1919 und des Gesetzes vom 18. Juli 1919, bei, welche hauptsächlich durch Bestimmungen über die Schaffung von Verwaltungsbezirken zur Entlastung der zentralen Gemeindeverwaltung ergänzt werden.

Das Gesetz schafft eine neue Gemeinde Berlin, die sich aber tatsächlich als eine Eingemeindung der in engem wirtschaftlichen Zusammenhang mit Berlin stehenden Vororte darstellt.

Das Gesetz umfaßt 59 Paragraphen.

Die Paragraphen 1 bis 7 treffen Bestimmungen über den Umfang und die kommunale Rechtsform der neuen Gemeinde Berlin, über ihr Verhältnis zum Zweckverband und zur Provinz Brandenburg sowie über die Auseinandersetzung mit der Restprovinz und den Restkreisen.

Die neue Gemeinde bildet für sich einen von der Provinz Brandenburg abgesonderten Kommunalverband und Verwaltungsbezirk. Alle Rechte der früheren Gemeinden und Gutsbezirke sowie des Verbandes Groß Berlin gehen auf die neue Gemeinde Berlin über.

Die Auseinandersetzung mit der Restprovinz und den Restkreisen erfolgt, soweit eine Einigung nicht zustandekommt, durch ein in §§ 6 und 7 geregeltes schiedsgerichtliches Verfahren.

Die Paragraphen 8 bis 32 handeln von der städtischen Verfassung, insbesondere von der Dezentralisation.

Die Paragraphen 33 bis 52 enthalten Bestimmungen über die Neuorganisation der zuständigen Behörden und öffentlich-rechtlichen Korporationen und ihre anderweite Zuständigkeit, insbesondere betreffend die Polizei (§ 33), den Landarmenverband (§ 34), den Wasserbeirat (§ 35), die Feuersozietäten (§ 36), die Stadtschaft (§ 37), die Verwaltungsgerichte bezw. Beschlußbehörden (§§ 38 bis 40), die ordentlichen Gerichte (§ 41) und die Schulverwaltung (§§ 42 bis 52).

Die Paragraphen 53 bis 58 sind Übergangsvorschriften, insbesondere wegen der Übernahme der Beamten.

Der Paragraph 59 enthält die Ermächtigung der Minister zum Erlaß von Ausführungsvorschriften.

Die wirkliche Gestalt des Rechts der neuen Gemeinde wird, abgesehen von dem an Stelle der Städteordnung zu erwartenden neuen Gemeinderecht, nicht unwesentlich von der Ausgestaltung der Gemeindeverfassung durch die beschließenden Körperschaften der Gemeinde selbst einschließlich der Bezirksbehörden und von der Auseinandersetzung mit der Provinz Brandenburg und den Restkreisen abhängen. Hierbei ist wiederum in letzter Linie das in § 4 ff. vorgesehene schiedsgerichtliche Verfahren maßgebend.

Die eigentlich wesentliche Neuerung in dem Gemeinderecht der neuen Stadt Berlin ist die gesetzliche Einteilung der Stadt in 20 sich im allgemeinen an die alten Gemeindegrenzen anlehnende Verwaltungsbezirke mit einer weitgehenden Selbstverwaltung. Die alte Stadt Berlin wird in 6 Bezirke eingeteilt. Die Verwaltungsbezirke können wiederum durch Beschluß der Bezirksbehörden mit Genehmigung des Magistrats in Ortsbezirke eingeteilt werden.

Jeder Bezirk hat eine Bezirksversammlung, die im Rahmen der von den städtischen Körperschaften, d. h. grundsätzlich dem Magistrat und den Stadtverordneten, aufgestellten Grundsätze über alle Angelegenheiten des Bezirks zu beschließen hat, und eine Verwaltungsbehörde, das Bezirksamt.

Selbstverständlich steht der zentralen Leitung der Gemeinde ein weitgehender Einfluß auf die Bezirksverwaltung zu.

Sie stellt Grundsätze für die Verwaltung der Bezirke auf, die auch für die Bezirksversammlungen maßgebend sind. Die Bezirksämter sind ausführende Organe des Magistrats und unterstehen seiner Kontrolle. Der Magistrat kann Beschlüsse der Bezirksversammlungen, Bezirksämter und -deputationen aus bestimmten Gründen beanstanden (§ 27).

Aber andererseits haben die Bezirksorgane selbständige Rechte, welche der Betätigung der zentralen Körperschaften ganz bestimmte Grenzen setzen.

Für die Beschlußfassung der Bezirksversammlungen und die Geschäftsführung der Bezirksämter haben die städtischen Körperschaften nur Grundsätze aufzustellen. Die Beschlußfassung und Geschäftsführung der Bezirksorgane ist im übrigen eine selbständige. Die Bezirksversammlungen haben das selbständige Recht der Aufsicht über diejenigen städtischen Einrichtungen und Anstalten, die vorwiegend den Interessen des Verwaltungsbezirks zu dienen bestimmt sind. Die Bezirksversammlung hat ferner Vorschläge für den Stadthaushalt zu machen, soweit er den Bezirk betrifft, und die Durchführung dieser besonderen Voranschläge ist unter Gewährung eines angemessenen Spielraumes den Bezirksorganen zu überlassen. Die Wahl der Bezirksehrenbeamten ist lediglich Sache der Bezirksversammlungen, während die besoldeten Bezirksbeamten durch die Bezirksämter angestellt werden. Die Mitglieder der Bezirksämter selbst werden, auch soweit sie besoldet sind, durch die Bezirksversammlungen gewählt. Nur die erstmalige Bestellung des Vorsitzenden des Bezirksamts und seines Stellvertreters erfolgt durch den Magistrat.

Sehr bedeutsam ist das Recht der Bezirksämter, zwischen der Bezirksversammlung und den Bezirksdeputationen einerseits und den städtischen Körperschaften andererseits, d. h. Magistrat und Stadtverordnetenversammlung, zu vermitteln, zumal bei erfolglosem Einigungsversuch ein Schiedsgericht endgültig entscheidet, welches aus je zwei von den Stadtverordneten und der Bezirksversammlung gewählten Mitgliedern besteht. Der Obmann wird von dieser gewählt; mangels einer „Einigung" aber vom Oberpräsidenten ernannt.

Diesen weitgehenden Befugnissen der Verwaltungsbezirke gegenüber wird der Umstand, daß den Bezirksversammlungen auch Stadtverordnete angehören, kein erhebliches Gegengewicht bedeuten. Zudem ist doch keineswegs ausgeschlossen, sondern bei der Stärke der verschiedenen politischen Einflüsse und Stimmungen und wirtschaftlichen Interessen der verschiedenen Bezirke naheliegend, daß in der Stadtverordnetenversammlung die zentralistische Tendenz nicht immer ausschlaggebend bleibt.

Schließlich muß in diesem Zusammenhange noch auf die Regelung der so überaus wichtigen Schulangelegenheiten hingewiesen werden (§§ 42 bis 52).

Die neue Stadtgemeinde bildet einen eigenen Schulverband im Sinne des Volksschulunterhaltungsgesetzes vom 28. Juli 1906.

Über die Angelegenheiten des Volks-, mittleren und höheren Schulwesens beschließen, soweit sie nach den gesetzlichen Bestimmungen von den Gemeindebehörden zu verwalten sind, die Behörden der Bezirke im Rahmen der von den städtischen Körperschaften aufgestellten Grundsätze.

Über die Angelegenheiten des Fach- und Fortbildungsschulwesens beschließen die städtischen Körperschaften vorbehaltlich der von ihnen zu regelnden Beteiligung der Bezirksbehörden.

In jedem Verwaltungsbezirk wird für die höheren Lehranstalten ein Bezirksschulausschuß, für die mittleren und Volksschulen eine Bezirksschuldeputation gebildet. Für den Bezirk des alten Berlins wird jedoch unter Beteiligung der Bezirksversammlungen ein eigener Bezirksschulausschuß und eine einheitliche Bezirksschuldeputation gebildet werden.

Die Bezirksschuldeputationen handeln in Angelegenheiten der staatlichen Zuständigkeit als Organe der Schulaufsichtsbehörde und sind verpflichtet, insoweit deren Anordnungen Folge zu leisten.

Die Wahlen der Lehrer erfolgen vorbehaltlich der Rechte der Aufsichtsbehörde für die Fach- und Fortbildungsschulen durch den Magistrat, für die höheren, Volks- und mittleren Schulen durch das Bezirksamt.

Der Einfluß der Zentrale auf die Schule und die damit zusammenhängenden kulturellen Fragen ist sonach erheblich nicht nur zugunsten der Verwaltungsbezirke, sondern zuungunsten der Gemeindeselbstverwaltung im Interesse der Staatsverwaltung überhaupt eingeschränkt, und überhaupt muß die weitgehende Dezentralisierung auch auf allen anderen Gebieten der Selbstverwaltung im gleichen Sinne wirken. Darin liegt das Gegengewicht gegenüber der bei der Kraft der riesigen Großgemeinde Berlin an eine staatliche Selbständigkeit und Unabhängigkeit grenzenden freien kommunalen Stellung der Reichshauptstadt, die sich in gleichem Maße bei keiner Hauptstadt der großen Reiche, auch in England nicht, vorfindet.

Die Aufgaben und die Verantwortlichkeit dieser ersten Großgemeinde des Deutschen Reichs gehen daher über das Maß der kommunalen Selbstverwaltung so erheblich hinaus, daß ein Vergleich mit ihnen gar nicht denkbar ist.

Der Staat muß dem nun endlich Rechnung tragen, aber auch die Gemeinde muß ihrer außerordentlich gewachsenen Pflicht gegenüber der staatlichen Gesamtheit Genüge leisten.

IV.

Aufgaben der neuen Gemeinde Berlin.

Eine ganze Reihe von Aufgaben der neuen Gemeinde ergeben sich aus dem Gesetze selbst.

Nach der inzwischen erfolgten Wahl der Stadt- und Bezirksverordneten wird die Stadtverordnetenversammlung durch den Oberpräsidenten nach § 58 zusammenberufen.

Ihre erste Aufgabe wird nach dem erfolgten Zusammentritt der Stadtverordneten die Bildung des neuen Magistrats sein (§ 11). Bis zu dessen Zusammentritt haben die bisherigen Gemeindeverwaltungen dem Magistrat der bisherigen Stadt Berlin die Entwürfe ihrer Haushaltspläne für 1920 zur Übermittlung an den neuen Magistrat einzureichen.

Gemäß § 58, 8 können Magistrat und Stadtverordnete durch übereinstimmenden Beschluß schon vor dem 1. Oktober Maßnahmen zur rechtzeitigen Ausführung des Gesetzes treffen.

Ohne weiteres tritt mit dem Inkrafttreten des ganzen Gesetzes, also am 1. Oktober 1920, die Gesamtrechtsnachfolge der neuen Gemeinde in bezug auf die bisherigen Gemeinden, den Verband Groß Berlin, die bestehenden Schulverbände und Gesamtschulverbände (§ 47) ein.

Der Ortspolizeibezirk und der Landarmenverband Berlin erweitern sich entsprechend den neuen Stadtgrenzen.

Insbesondere ist wegen Übernahme der Geschäfte des am 1. Oktober 1920 sich auflösenden Verbandes Groß Berlin Sorge zu tragen.

Sofern Abteilungen des Stadtausschusses für einzelne Teile des neuen Stadtkreises oder einzelne Geschäfte gemäß § 40 gebildet werden, hat der Magistrat die Mitglieder der Abteilungen zu wählen.

Den bisherigen Gemeindeverwaltungen sind auf Antrag Mittel für die Weiterführung der Verwaltung gemäß § 58, 4 [2] zur Verfügung zu stellen; überhaupt ist Fürsorge für die Weiterführung der Geschäfte durch die bisherigen Gemeindeverwaltungen zu treffen (§ 58, 4). Insbesondere sind Anordnungen für die Ergänzung der alten Magistrate, Deputationen, Kommissionen und Ausschüsse zu erlassen für den Fall, daß deren Mitgliederzahl unter die Hälfte ihrer bestimmungsmäßigen Zahl herabsinkt (§ 58, 4 [2]). Es ist ferner zu prüfen, ob es angebracht ist, gemäß § 58, 5 die örtliche Verwaltung für das Gebiet einer früheren Landgemeinde oder eines früheren Gutsbezirks schon vor und bis zur Bildung der neuen örtlichen Verwaltungsorgane (§§ 14 ff.) von einem Magistrat oder anderen Gemeindevorstande oder Gemeindevorsteher desselben Verwaltungsbezirks zu übernehmen.

Für den Fall des Ausscheidens eines Magistratsmitglieds, Mitglieds eines sonstigen Gemeindevorstandes oder eines Gemeindevorstehers vor Bildung der neuen örtlichen Verwaltungsorgane trifft der Magistrat der neuen Gemeinde nach Anhörung der Stadtverordneten die zur einstweiligen Fortführung der Geschäfte erforderlichen Maßnahmen (§ 58, 6).

Beim Ausscheiden von Bezirksvorstehern oder deren Stellvertretern sind Neuwahlen durch die bisherigen Magistrate vorzunehmen (§ 58, 7).

Besondere Vorsorge ist gemäß § 58, 8 [4] für die Einziehung der umlagefähigen Steuern zu treffen.

Der Magistrat hat die Wahl der Vorsitzenden der Bezirksämter und ihrer Stellvertreter vorzunehmen (§ 23 [3]). Ferner sind die Grundsätze für die Beschlußfassung und die Verwaltung der Bezirksorgane aufzustellen (§§ 22, 25).

Gemäß § 58, 13 hat der Magistrat einen Gemeindebeschluß über die Bildung einer gemeinsamen Bezirksschuldeputation für das bisherige Stadtgebiet Berlin und den Gutsbezirk Berlin-Schloß sowie die Gemeinde Stralau (außer Abtei) herbeizuführen.

Sodann sind Auseinandersetzungsverhandlungen mit den Kreisen Niederbarnim, Teltow, Osthavelland und mit dem Provinzialverbande der Provinz Brandenburg einzuleiten (§ 4). Die Verhandlungen werden sich auch auf die Bildung eines Zweckverbandes Berlin-Brandenburg zu erstrecken haben (§ 5). Es wird sich hierbei nicht um einen komplizierten Apparat handeln wie bei dem früheren Zweckverband, sondern nur um eine gemeinsame Kommission, der Vertreter des Magistrats, der Stadtverordneten, des Landesdirektors und eventuell des Provinziallandtages angehören dürften. Vorbehalten ist übrigens eine gesetzliche Regelung (§ 5, 7), die sich aber hoffentlich auf die Festlegung des Vereinbarten und nötigenfalls auf die Verleihung von öffentlich-rechtlichen Befugnissen beschränkt, für welche ein Gesetzgebungsakt erforderlich ist.

Möglichst bald sind zwecks endgültiger Bildung des Schiedsgerichts, welches über die Auseinandersetzungen zu befinden hat, gemäß § 7 die erforderlichen Wahlen vorzunehmen.

Die wichtigste Aufgabe betrifft sodann die Bezirksverwaltungen.

Zunächst haben die Stadtverordneten gemäß § 15 die Verteilung der Stadtverordneten auf die Verwaltungsbezirke vorzunehmen.

Über den erstmaligen Zusammentritt der Bezirksversammlungen trifft das Gesetz keine Bestimmung. Naturgemäß hat der Magistrat daher als ausführende

Behörde den Zusammentritt herbeizuführen, eventuell durch Beauftragung der Vorsitzenden der Bezirksämter.

Die bisherigen Deputationen, Kuratorien und Kommissionen des Magistrats der alten Stadt Berlin bestehen an sich weiter, da die neue Gemeinde als Erweiterung der alten Gemeinde Berlin gilt. Ihre Mitglieder, soweit sie Magistratsmitglieder oder Stadtverordnete oder Bürgerdeputierte sind, bedürfen aber, da sie in dieser Eigenschaft nicht zu der neuen Gemeinde übertreten, der Neuwahl. Der Umstand, daß sie für die alte Gemeinde einstweilen in Tätigkeit bleiben, kommt hier nicht in Betracht. Praktisch kommt es natürlich auf eine Neukonstituierung der Deputationen und Kommissionen heraus. Aber dem Sinne des Gesetzes entspricht es, daß die bestehende Verwaltungseinrichtungen der alten Stadt Berlin auf die neue Stadtgemeinde übergehen und damit auch die Deputationen und Kommissionen.

Eine Ausnahme bildet die Schuldeputation, da eine solche für die neue Gemeinde nicht vorgesehen ist, wenigstens nicht eine Schuldeputation im Sinne des Volksschulunterhaltungsgesetzes. Der Magistrat wird an deren Stelle für die Verwaltung der der Zentralverwaltung der Stadtgemeinde verbleibenden Angelegenheiten eine besondere Verwaltungseinrichtung zu schaffen haben.

Eine Eingliederung der zu Berlin hinzutretenden Verwaltungen der Vororte in die bestehende Verwaltung der Stadt Berlin ist durchaus möglich. Deshalb würde es sich nicht empfehlen, von der Neubesetzung der bestehenden Berliner Verwaltungskörperschaften abzusehen. Daneben werden vielleicht noch neue Behörden erforderlich sein, welche die zentralen Angelegenheiten bearbeiten, die sich aus den neuen Organisationsbestimmungen des Gesetzes vom 27. April 1920 ergeben, besonders die allgemeinen

Angelegenheiten der Verwaltungs- und Ortsbezirke, die Auseinandersetzung mit der Provinz und den Kreisen und solche Angelegenheiten, die aus der nichtstädtischen Verfassung eines großen Teils der hinzutretenden Vororte erfolgen.

Aus der notwendigen Übernahme der bestehenden Berliner Verwaltungsorganisation folgt aber nicht die Zweckmäßigkeit ihrer dauernden Beibehaltung. Im Gegenteil.

Die städtische Berliner Verwaltung war schon bisher in höchstem Maße unübersichtlich. Die Zahl der neben- und übereinander arbeitenden Behörden war eine viel zu große. Die vorhandenen Kräfte reichten nicht aus, um alle Stellen, insbesondere die ehrenamtlichen, genügend zu besetzen. Die Inanspruchnahme der Magistratsmitglieder und Stadtverordneten durch Sitzungen überstieg das zulässige Maß. Darunter hatte die Verwaltung auf das schwerste zu leiden.

Bereits in meinem Berliner Stadtrecht (Berlin 1911, J. Guttentags Verlag), auf das ich in meinen Erläuterungen oft zum Verständnis der städtischen Verwaltung verweisen konnte, habe ich auf die Unübersichtlichkeit der Berliner Verwaltung hingewiesen. Eine der Hauptursachen war der Umstand, daß eine allgemeine Verwaltungsreorganisation durch das Stocken der Groß Berliner Frage unmöglich gemacht war. Durch den Hinzutritt zahlreicher neuer Verwaltungen von seiten der in keiner Beziehung einheitlich entwickelten Vororte und dank der gesetzlich vorgeschriebenen Dezentralisation wird die Verwaltung außerordentlich komplizierter.

Der große Gewinn der neuen Ordnung besteht aber darin, daß nunmehr eine einheitliche kommunale Spitze für das gesamte Berliner Wirtschaftsgebiet geschaffen worden ist. Diese ist in der Lage, die Reibungen zwischen den einzelnen Teilen dieses Gebietes auf ein Mindestmaß zurückzuführen.

Bisher bestanden die größten, oft gar nicht überwindbaren Schwierigkeiten darin, überhaupt nur die Form gemeinsamen Rechtes zu finden Dabei war jede beteiligte Verwaltung in erster Linie bestrebt, nur ja nichts von ihren Sonderrechten aufzugeben. Eine dauernd gesicherte gemeinsame Verwaltung irgendeiner bedeutenden Angelegenheit war daher gar nicht möglich. Eine gewisse, unter dem Druck der Not und der militärischen Zwangsgewalt erzeugte Einigkeit während des Krieges und der kurzen seitdem verflossenen Zeit darf über die wahre Lage nicht hinwegtäuschen. Diese spiegeln zutreffender die Schwierigkeiten wieder, welche die Entwicklung des Verbandes Groß Berlin gehemmt haben.

Die nun unter voller Wahrung der kommunalen Freiheit gewonnene Einheit in Gestalt eines städtischen Gemeinwesens von größestem Ausmaß muß nun aber auch Früchte bringen.

Die Möglichkeit eines durchgreifenden Neuaufbaues der Berliner Verwaltung ist nunmehr gegeben.

Man kann die städtische Verwaltung, wie ich es in meiner oben erwähnten und hier in Bezug genommenen Darstellung des Berliner Stadtrechts getan habe, deren Einteilung sich auch die amtliche Darstellung des Berliner Gemeinderechts im wesentlichen angeschlossen hat, in sieben große Gruppen gliedern, denen sich alle Einzelverwaltungen unterordnen lassen:

1. Kulturaufgaben;
2. Finanzen und Abgaben;
3. Technik und Gewerbe;
4. Wohlfahrtspflege (einschließlich Gesundheitswesen);

5. Polizei;
6. Rechtspflege;
7. Verschiedene übertragene staatliche Aufgaben.

Wenn man die zahlreichen bestehenden Deputationen, Kommissionen, Kuratorien in diese sieben Gruppen eingliedert, wird sich weit mehr als die Hälfte derselben als entbehrlich erweisen und verschwinden.

Nächst der personellen Frage, bei der rücksichtslos überall nur sachliche Gesichtspunkte — keine kleinliche, sich meist als schwerer Irrtum erweisende Sparsamkeit — zur Durchführung kommen müssen, ist die räumliche Frage von allergrößter Wichtigkeit.

Ihre Lösung war bisher schon eine ungenügende, sie ist durch die überaus traurigen Finanzen und die Lahmlegung der Bautätigkeit auf den ersten Blick nahezu unmöglich.

Die richtige Lösung der Raumfrage, die sich sowohl auf die Einrichtung der Verwaltungsgebäude wie auf die Lage zueinander erstrecken muß, bedeutet aber zugleich eine Verbesserung und eine Verbilligung der Verwaltung, während der Umbau alter Gebäude oft die kostspieligste Unterbringung einer Behörde bedeutet, besonders infolge der Hemmungen, welche den Behörden hieraus erwachsen, und die man dann durch personelle Aufwendungen — meist vergeblich — auszugleichen versucht.

Die Dezentralisierung, die übrigens gleichzeitig mit einer Zusammenlegung kleinster Bezirke einhergeht, darf nicht zu einer Vermehrung der Behörden und der Personen führen, sondern sie soll eine Verminderung ergeben, und diese wird möglich sein, trotz der Zunahme der kommunalen Aufgaben, besonders auf sozialem und wirtschaftlichem Gebiet.

Es ist hier nicht der Ort, in den [illegible] derjenigen einzustimmen, welche alle Übel der Verwaltung — meist ohne jede Sachkenntnis und oft selbst mit den schlimmsten bürokratischen Neigungen behaftet — auf den Bürokratismus zurückführen, aber in Richtung einer ebenso gewissenhaft und sachverständig wie prompt arbeitenden Verwaltung muß dringend etwas geschehen.

Es kann geschehen auf dem Wege eines verständnisvollen Zusammenarbeitens ehrenamtlich tätiger, den einzelnen Berufsklassen nahestehender Bürger und geschulter Beamten. Hierbei wird die im Gesetze vorgesehene Dezentralisierung durch Verwaltungs- und Ortsbezirke sich als fördernd erweisen. Der Ehrenbeamte kann nur in den seltensten Fällen in der Zentralverwaltung einer Millionenstadt voll zur Geltung kommen. Er darf aber auch nicht auf nichtige Geschäfte beschränkt und ohne Hilfsmittel gelassen werden, wie es jetzt bei den lokalen Ehrenbeamten meist der Fall war.

Hier hat das Gesetz den Weg der Abhilfe gewiesen. Dieser Weg muß sogleich beschritten werden.

Verfehlt wäre es, mit einer grundlegenden Reform der Berliner Verwaltung bis zum Erlaß eines neuen Gemeindegesetzes zu warten.

Einmal steht es noch sehr dahin, ob dieses Gesetz gerade für Berlin geeignete Bestimmungen bringen wird. Sodann braucht aber ein so großes Gemeinwesen wie das neue Berlin nicht auf die Krücke des Gesetzgebers zu warten.

Berlin kann und muß seine eigenen Wege gehen. Es ist kaum zu erwarten, daß die besonderen Bedürfnisse Berlins ein volles Verständnis bei den gesetzgebenden Körperschaften finden werden. Wenn irgend eine Gemeinde, so ist Berlin berufen, von der Befugnis der ortsgesetzlichen Regelung ausgiebigen Gebrauch zu machen.

Damit ist nicht gesagt, daß Berlin die Interessen des Reichs und Staates unbeachtet lassen soll. Nein, im Gegenteil. In der Reichshauptstadt kann und darf es an Verständnis für die gesamten Interessen des deutschen Volkes nicht fehlen. Wenn Berlin Kirchturmspolitik treiben würde — es ist manchmal nicht von diesen Fehler freigeblieben —, dann ist der Zweck des Zusammenschlusses verfehlt. Berlin hat jetzt freie Bahn, aber nicht um zu zertrümmern, sondern um aufzubauen Ein großes Reich braucht ein starkes und gesundes Haupt. Bevormunden läßt sich eine Masse von vier Millionen Menschen nicht, aber sie, stürzt sich und die übrige Welt in den Abgrund, wenn sie unbesonnen wohlfeilen Theorien nachjagt, ohne den freien und offenen Blick für die Bedürfnisse der Volksgesamtheit, welche die Voraussetzung für die Existenzmöglichkeit einer so großen Stadt bildet, die das neue Berlin darstellt.

In der Siedeglut des Weltkriegs und der Revolution muß Berlin zeigen, was die Kraft und Besonnenheit seiner Bürger vermag, wenn sie, kleinliche Gegensätze zurückstellend, sich bewußt bleibt, daß unser aller Schicksal in diesen schweren Zeiten ein gemeinsames ist.

Einer klar durchdachten und von ihren eigenen Körperschaften in die Tat umgesetzten Verwaltungsreform der Stadt Berlin wird der künftige Gesetzgeber auch kaum seine Anerkennung versagen. Manche Neuerung wird vielleicht auch für die Verhältnisse anderer Gemeinden passen.

Deshalb soll Berlin mit der Verwaltungsreform vorangehen und damit dem künftigen Gemeindegesetz vorarbeiten, an dessen Zustandekommen die Stadt ein lebhaftes Interesse hat.*)

Von den politischen Parteiprogrammen, die auf Grundlagen beruhen, welche meist schon 1914 veraltet waren, hat die Bevölkerung wenig Gutes zu erwarten.

Ehe der weitere Aufbau der Gemeindeverwaltung in Angriff genommen werden kann, ist es notwendig, daß die Leitung der Gemeinde und die Bevölkerung sich über die Grundsätze und die Richtung der Gemeindepolitik klar werden.

Das ist jetzt um so mehr notwendig, als die Richtung der Politik nicht mehr in demselben Maße wie früher von der Staatsleitung bestimmt werden kann. Ein folgerichtiger Aufbau ist aber nur möglich, wenn der gesamte Selbstverwaltungskörper, die mitwirkenden Bürger und die Beamten in gleichem Sinne arbeiten. Dabei sind natürlich die allgemeinen Weltverhältnisse zu berücksichtigen, von denen wir jetzt abhängiger sind als früher.

Um dies zu erreichen, genügt nicht ein Majoritätsbeschluß der Gemeindekörperschaften. Das auf diese Weise erzielte Ergebnis kann sich leicht wieder in das Gegenteil wandeln, und seine Ausführung kann schon an dem Widerstand der Bezirksverwaltungen scheitern. Es bedarf daher bei der Aufstellung der Grundlinien für die Verwaltung einer gewissen allgemeinen Übereinstimmung, deren Erzielung nicht leicht ist, die aber nicht unmöglich ist, wenn man nicht theoretischen Phantomen nachjagt, sondern Ziele ins Auge faßt, deren Erreichung man praktisch darzulegen vermag. Ein solcher Plan muß also von Theoretikern

*) Vergl. zur Verwaltungsreform: Wölbling, Die preußische Verwaltungsreform, Berlin 1914; ders., Preußisches Kriegsgesetz zur Vereinfachung der Verwaltung, Stuttgart 1918.

und Praktikern gemeinsam durchdacht sein und der allgemeinen Kritik, der man in diesem Falle freiesten Spielraum geben muß, standhalten.

Man braucht eine weitgehende Sozialisierung nicht zu verwerfen, aber für Experimente haben wir kein Geld und keine Kraft. Am richtigsten wird es daher sein, zunächst die bereits sozialisierten, d. h. in die städtische Verwaltung übergeführten Betriebe auf eine höhere Stufe der Leistung zu bringen und an der Hand der dabei zu machenden Erfahrungen, die durchaus nicht langjährige zu sein brauchen, weitere Gebiete zu erfassen.

Die Durchdringung des ganzen Selbstverwaltungskörpers mit einem einheitlichen Geist erfordert eine Zusammenfassung und Vertiefung des geistigen Apparates, der der Verwaltung zur Verfügung stehen muß. Auch der dringend notwendige wirtschaftliche Wiederaufbau ist ohne die Erfassung der Geister in einheitlichem Sinn nicht denkbar. Gehen doch gerade die Meinungsverschiedenheiten über die Ziele und Wege dieses Aufbaus von den verschiedenen Weltanschauungen der Menschen aus, die gegenwärtig eine gefährliche Zerfaserung und Zersplitterung zeigen.

Ohne einen schweren Kampf der Geister ist daher ein wirklicher Aufbau des Selbstverwaltungskörpers, für welchen bisher nur die Grundrißzeichnung vorliegt, nicht denkbar. Wir werden niemals zu einer wirklichen Einheitsgemeinde gelangen, wenn wir diesen Kampf der Meinungen scheu vermeiden oder gewaltsam unterdrücken.

Nicht Abstimmungsformalismus, sondern freie, ernste Geistesarbeit kann uns die dauerhaften Grundlagen für die neue Gemeinschaftsarbeit liefern.

Nur nach einer derartigen Vorbereitung kann an die Lösung der wahrlich nicht wenig zahlreichen dringenden Tagesaufgaben herangetreten werden.

Pocht doch die Not mit dringendster Mahnung an die Tür des neuen Hauses.

Ernährung und Arbeit, das sind die beiden gebieterischen Forderungen, die an die Gemeindekörperschaften herantreten.

Bei der Ernährung müssen wir aus dem unsicheren Zustand herauskommen, den wir uns während des Krieges gefallen lassen mußten, weil jeder die Notwendigkeit einsah. Wir müssen jetzt vor allen Dingen wieder zu einer dauernden, wenn auch noch so bescheidenen Sicherheit unseres Lebensunterhaltes kommen, und da wir neue Finanzquellen im landläufigen Sinne nicht erschließen können, so hilft uns nur Arbeit.

Arbeitspolitik und Lohnpolitik, das sind die Angelpunkte unserer wirtschaftlichen Existenz.

Wir suchen daher die vorhandene Arbeit richtig zu verteilen. Wir sind jetzt dabei, auf diesem Gebiete neue Wege einzuschlagen. Die Gemeinden haben neuerdings die Jugendpflege zu ihrer Aufgabe gemacht. Sie wollen ferner ihre Einwohner bei der Wahl und dem Wechsel eines Berufs beraten. Die Knappheit der Arbeitsgelegenheit zwang zu der Einrichtung eines Arbeitsbeschaffungsamtes, das dem Arbeitsnachweis an die Hand geht. Die Regelung der Arbeits- und Lohnbedingungen durch Tarifverträge, deren rechtliche Grundlagen leider noch immer nicht genügend geklärt sind, soll beiden Teilen des Arbeitsvertrages Sicherheit und Vertrauen zu gemeinsamer Betätigung wiedergeben und die nicht vermeidbaren Streitigkeiten sollen durch Arbeitsgerichte ihre prompte und sachkundige Erledigung finden.

Vertreter der Berliner Gemeinden haben daher mit Vertretern der Gewerkschaften ein Programm für die kommunale Durchführung dieser Aufgaben entworfen, als dessen Hauptpunkt die Forderung eines Arbeitsamtes der neuen Gemeinde gedacht ist mit sechs Abteilungen: für Arbeitsnachweis, Arbeitsbeschaffung, Vermittelungsausgleich nebst Arbeits- und Lohnstatistik, Berufsberatung, Arbeitslosenfürsorge bezw. -statistik und die Anlage eines Tarifbuchs, d. i. eine geordnete Sammlung der Tarifverträge.

Es liegt nahe, diesem Amte auch die von maßgebender Stelle beabsichtigten Arbeitsgerichte anzugliedern, was auch bei einer Unterstellung unter die Justizverwaltung möglich wäre.

Bei der Lohn- und Gehaltspolitik müssen die allgemeinen wirtschaftlichen Zusammenhänge mehr berücksichtigt werden, wenn die Lohnerhöhungen nicht durch Valutaverschlechterungen wirkungslos werden sollen; auch muß erkannt werden, daß für die Lebenshaltung der Arbeiter ganz andere Umstände ebenso wichtig sind wie die Lohnhöhe.

Die Wohnungsfrage befindet sich in einem kritischen Stadium. Wohnungen werden nicht einmal entsprechend den beschaffbaren Materialien gebaut, und schon feiert die private Initiative, auch der Arbeiter, Triumphe über den wohlmeinenden Bürokratismus, dem man die Lösung der Aufgabe zu übertragen gedachte. Auch hier ist also eine gründliche Nachprüfung der Wege und Ziele geboten.

Zum mindesten muß man der Bevölkerung das doch vorhandene Land zur Verfügung stellen. Seine Ausgestaltung zu Gärten und Siedlungen wird sie in den meisten Fällen selbst in die Hand nehmen können. Daß mancher dabei ein hohes Lehrgeld wird zahlen müssen, darf nicht abschrecken. Nur keine Verteuerung durch bürokratische Fürsorge!

Die Siedlungspolitik ist ein wichtiger Zweig der Gesundheitspolitik. Aber darüber hinaus wird der Gesundheitspolitik in dieser vergrößerten und vielleicht trotz der Ungunst der politischen und Wirtschaftslage sich vergrößernden Gemeinde infolge der gesundheitlichen Gefahren, die von dem vordrängenden Osten her und infolge der Ernährungsschwierigkeiten drohen, in bedeutend verstärktem Maße Aufmerksamkeit zu schenken sein.

Trotz des gewaltig ausgedehnten neuen Weichbildes sehen wir an allen seinen Grenzen ein Hinausgreifen auf die Provinz: es entsteht eine neue vorstädtische Zone, vermutlich von größerem Ausmaße als die früher vorgelagerte Übergangszone. Jeder Vorstoß in das Gebiet der Provinz wird mit verstärkter Kraft erfolgen. Aufgabe des mit der Provinz zu vereinbarenden Zweckverbandes Berlin-Brandenburg wird es daher sein, die zahlreichen kleinen und unerquicklichen Reibungen auszuschalten und in die Bahn einheitlicher Grundsätze zu leiten, welche früher jeden notwendigen Betätigungsversuch der Stadt Berlin außerhalb ihres Weichbildes begleiteten.

Gesetz

über

die Bildung einer neuen Stadtgemeinde Berlin.

Vom 27. April 1920.

Die verfassunggebende Preußische Landesversammlung hat folgendes Gesetz beschlossen, das hiermit verkündet wird:

§ 1.

(1) Die Stadtgemeinden:

1. Berlin,
2. Charlottenburg,
3. Cöpenick,
4. Berlin-Lichtenberg,
5. Neukölln,
6. Berlin-Schöneberg,
7. Spandau,
8. Berlin-Wilmersdorf,

die Landgemeinden:

1. Adlershof,
2. Alt-Glienicke,
3. Biesdorf,
4. Blankenburg,
5. Blankenfelde,
6. Bohnsdorf,
7. Berlin-Britz,
8. Buch,
9. Berlin-Buchholz,
10. Buckow,
11. Cladow,
12. Falkenberg,
13. Berlin-Friedenau,
14. Berlin-Friedrichsfelde,
15. Friedrichshagen,
16. Gatow,

31. Malchow,
32. Berlin-Mariendorf,
33. Berlin-Marienfelde,
34. Marzahn,
35. Müggelheim,
36. Berlin-Niederschöneweide,
37. Berlin-Niederschönhausen,
38. Nikolassee,
39. Berlin-Oberschöneweide,
40. Berlin-Pankow,
41. Pichelsdorf,
42. Rahnsdorf,
43. Berlin-Reinickendorf,
44. Berlin-Rosenthal,
45. Rudow,
46. Berlin-Schmargendorf,

17. Grünau,
18. Berlin-Grunewald,
19. Heiligensee,
20. Berlin-Heinersdorf,
21. Hermsdorf bei Berlin,
22. Berlin-Hohenschönhausen,
23. Berlin-Johannisthal,
24. Karow,
25. Kaulsdorf,
26. Berlin-Lankwitz,
27. Lichtenrade,
28. Berlin-Lichterfelde,
29. Lübars,
30. Mahlsdorf,
47. Schmöckwitz,
48. Staaken,
49. Berlin-Steglitz,
50. Berlin-Stralau,
51. Berlin-Tegel,
52. Berlin-Tempelhof,
53. Tiefwerder,
54. Berlin-Treptow,
55. Wannsee,
56. Wartenberg,
57. Berlin-Weißensee,
58. Berlin-Wittenau,
59. Zehlendorf

und die Gutsbezirke:

1. Berlin-Schloß,
2. Biesdorf,
3. Blankenburg,
4. Blankenfelde,
5. Buch,
6. Cöpenick-Forst,
7. Berlin-Dahlem,
8. Falkenberg,
9. Frohnau,
10. Grünau-Dahmer Forst,
11. Grunewald-Forst,
12. Heerstraße,
13. Hellersdorf mit Wuhlgarten,
14. Klein-Glienicke-Forst,
15. Malchow,
16. Niederschönhausen mit Schönholz,
17. Pfaueninsel,
18. Pichelswerder,
19. Plötzensee,
20. Potsdamer Forst, nördlicher Teil bis zum Griebnitzsee und Kohlhasenbrück,
21. Berlin-Rosenthal,
22. Spandau-Zitadelle,
23. Jungfernheide,
24. Tegel-Forst-Nord,
25. Tegel-Schloß,
26. Wartenberg,
27. Wuhlheide

scheiden, soweit sie zu den Kreisen Teltow, Niederbarnim und Osthavelland und der Provinz Brandenburg gehören, aus diesen Verbänden aus und bilden die Stadtgemeinde „Berlin".

(2) Die neue Stadtgemeinde Berlin bildet für sich einen von der Provinz Brandenburg abgesonderten Kommunalverband und Verwaltungsbezirk. Sie gilt

als Erweiterung der bisherigen Stadtgemeinde Berlin. Die für die bisherige Stadtgemeinde Berlin in ihrer Eigenschaft als Kommunalverband sowie als Verwaltungsbezirk geltenden gesetzlichen Vorschriften finden auf die neue Stadtgemeinde Berlin Anwendung, soweit nicht etwas anderes in diesem Gesetz bestimmt ist.

1. §§ 1—6 treffen Bestimmungen über den Umfang und die kommunale Rechtsform der neuen Gemeinde Berlin sowie über ihr Verhältnis zum Zweckverband Groß Berlin und zur Provinz Brandenburg und endlich über die Auseinandersetzung mit der Restprovinz Brandenburg und den Restkreisen.

2. Soweit das Gesetz keine besonderen Bestimmungen trifft, kommen auf die Vereinigung die Grundsätze der Eingemeindung in Anwendung, da die neue Gemeinde als Erweiterung der bisherigen Gemeinde- — und auch des Stadtkreises — Berlin gilt. Eine künftige Erweiterung des neuen Stadtbezirkes durch Eingemeindung von Landgemeinden vollzieht sich gemäß § 2 der Landgemeindeordnung für die östlichen Provinzen. Die Eingemeindung oder Lostrennung einzelner Grundstücke erfolgt gemäß § 2 der Städteordnung v. 30. Mai 1853. Die Einbeziehung einer neuen Stadtgemeinde kann nur durch Gesetz erfolgen.

3. Wegen der besonderen Stellung Berlins in der Staatsverwaltung vergl. Wölbling, Berliner Stadtrecht, Berlin, J. Guttentag, 1911, S. 40—46; daselbst S. 10—14: räumlicher Geltungsbereich des städtischen Verwaltungsrechts und S. 235—240: Überblick über die örtlichen Reichs- und Staatsbehörden. Die Organisation des Polizeipräsidiums ist inzwischen wesentlich verändert worden durch Übernahme von Teilen der Polizeiverwaltung auf die Gemeinde Berlin. Soweit Berlin bisher Zweige der Staatsverwaltung, insbesondere der Polizei, übertragen waren, werden diese Befugnisse, soweit nichts Abweichendes durch das Gesetz bestimmt ist, automatisch auf die hinzutretenden Gebiete erstreckt. Vergl. auch § 33.

Grundsätzlich bleiben alle Einrichtungen der Stadt Berlin in der bisherigen Weise bestehen, also auch die Verwaltungsbehörden, Deputationen, Kommissionen, Kuratorien usw. Aus der anderweiten Zusammensetzung des Magistrats und der Stadtverordnetenversammlung folgt nur die Neuwahl der Mitglieder, soweit sie dem Magistrat und der Stadtverordnetenversammlung angehören; vergl. § 58, 4. Das Verwaltungsrecht der bisherigen Stadt Berlin wird, soweit das Gesetz nichts Abweichendes verordnet oder soweit sich aus der Natur der Sache keine Abweichung ergibt, auf die hinzutretenden Bezirke erstreckt.

3. Die neue Gemeinde hat wie die bisherige Gemeinde Berlin die einer Stadtgemeinde, einem Kreise, einem Regierungsbezirke und einer Provinz entsprechende Rechtstellung. Sie würde Anspruch auf Vertretung im Reichsrat haben.

§ 2.

Mit der Vereinigung gehen alle Rechte und Pflichten der in § 1 genannten Gemeinden und Gutsbezirke im Wege der Gesamtrechtsnachfolge auf die neue Stadtgemeinde Berlin über.

1. Die Gesamtrechtsnachfolge bezieht sich sowohl auf die Verhältnisse des bürgerlichen wie des öffentlichen Rechts. Die Rechte des Verbandes Groß Berlin gehen nach § 3 auch auf die neue Gemeinde Berlin über.

2. Wegen der Auseinandersetzung mit den Kreisen Teltow, Niederbarnim und Osthavelland und dem Provinzialverband Brandenburg siehe §§ 4 ff., § 58.

§ 3.

Das Zweckverbandsgesetz für Groß-Berlin vom 19. Juli 1911 (Gesetzsamml. S. 123) wird aufgehoben. Der durch dieses Gesetz geschaffene Verband Groß-Berlin wird aufgelöst. Seine Rechte und Pflichten gehen im Wege der Gesamtrechtsnachfolge auf die neue Stadtgemeinde Berlin über.

1. Nach § 3 gehen auch die Rechte und Pflichten des Verbandes Groß Berlin gegenüber den nicht mit zur neuen Stadtgemeinde geschlagenen Gemeinden auf die neue Gemeinde über. Zwischen diesen Gemeinden bleibt also auch nach Auflösung des Verbandes Groß Berlin ein rechtliches Band bestehen, z. B. auf dem Gebiete des Verkehrs. Es ist möglich, gemäß § 5 einen Zweckverband zwischen Berlin und der Provinz Brandenburg zur Wahrnehmung der gemeinsamen Interessen zu bilden.

2. Die sonstigen Verbände der Groß Berliner Gemeinden, z. B. der Wohnungsverband, der Kohlenverband, die nicht auf Gesetz beruhen, müssen im Verordnungswege, durch Beschluß der neuen Gemeinde oder durch freiwillige Vereinbarung aufgehoben werden. Wegen der Übernahme der Rechte des Ausschusses Groß Berliner Arbeitsnachweise, welcher neben seinen sonstigen Befugnissen die Aufgaben einer Unterabteilung des Demobilmachungsausschusses Groß Berlin ausübte, und der Rechte des Landesarbeitsamtes Groß Berlin, auch der gemeinsamen Rechte auf dem Gebiete der Berufsberatung, schweben Verhandlungen zwischen den Gemeinden. Die Ausführung der Begründung über den Arbeitsnachweis in der Begründung Sp. 34, 25 ist nicht ganz zutreffend.

§ 4.

Die durch die Vorschriften der §§ 1 und 3 nötig werdenden Auseinandersetzungen der neuen Stadtgemeinde Berlin mit den Kreisen Teltow, Niederbarnim und Osthavelland und mit dem Provinzialverbande der Provinz Brandenburg erfolgen, soweit nicht eine Einigung unter den Beteiligten zustande kommt, nach Recht und Billigkeit in einem schiedsgerichtlichen Verfahren unter Beachtung nachstehender Grundsätze:

1. Bei der Bemessung von Geldentschädigungen für die Restverbände ist nicht von der Steuerkraft der ausscheidenden Gemeinden und Gutsbezirke und der

Höhe der bisher für sie aufgewendeten Kosten dieser Verbände, sondern von der Erhaltung der Leistungsfähigkeit der Restverbände zur Erfüllung der ihnen verbleibenden Aufgaben sowie der Leistungsfähigkeit der neuen Stadtgemeinde Berlin auszugehen.

2. Kreis- und Provinzialeinrichtungen oder -Anstalten, die überwiegend den Interessen der in § 1 bezeichneten Gemeinden und Gutsbezirke dienen und daneben denen der Restkreise oder der Restprovinz zu dienen bestimmt sind, sollen von der neuen Stadtgemeinde Berlin übernommen werden, jedoch sollen die Restverbände an den Kosten und gegebenenfalls an der Verwaltung dieser Einrichtungen oder Anstalten in entsprechender Weise teilnehmen.

3. Kreis- und Provinzialeinrichtungen oder -Anstalten, die überwiegend den Interessen der Restkreise oder der Restprovinz dienen und daneben denen der neuen Stadtgemeinde Berlin mitzudienen bestimmt sind, verbleiben den Restverbänden, jedoch soll die neue Stadtgemeinde Berlin an den Kosten und gegebenenfalls an der Verwaltung dieser Einrichtungen oder Anstalten in entsprechender Weise teilnehmen.

1. Ziel der Auseinandersetzung nach der Begründung des Entwurfs (S. 43):

1. Es soll vermieden werden, daß eine der beiden Parteien von der notwendigen weiteren Benutzung (und Verwaltung) solcher Kreis- und Provinzialeinrichtungen und -anstalten glatt abgeschnitten würde, an deren Schaffung sie selbst oder ihre Rechtsvorgänger beteiligt waren und die nun in das Gebiet des anderen Teiles fallen.

2. Es soll klargestellt werden, nach welchen Grundsätzen die Bemessung von Geldentschädigungen an die Restverbände erfolgen soll.

Die Provinz und die Kreise würden sich nach der Begründung des Entwurfs (S. 45), die aber durch die anderweite Abgrenzung des neuen Stadtgebietes unerheblich geändert ist, in der Größe, Steuerkraft und Einwohnerzahl wie folgt stellen:

Verband	Flächeninhalt	Einwohnerzahl (Zählung 1917)	Provinzialsteuern nach dem Prinzipalsoll vom 1. Dez. 1917	Kopfquote
Restkreis Teltow	1 357	99 058	1 457 631	14,70
Restkreis Niederbarnim .	1 437	110 154	1 630 631	14,80
Restprovinz Brandenburg	39 150	2 102 045	25 504 062	12,13
Stadtkreis Berlin	756	3 355 129	125 702 470	37,46

Die finanziellen Verhältnisse und die Bevölkerungszahlen der Groß Berliner Gemeinden ergeben sich aus Drucksache 2173 der Preußischen Landesversammlung D und E.

2. Der Grundsatz der Billigkeit steht mit dem Recht nicht in Widerspruch. Die Rechte der Beteiligten sind also zu beachten, soweit sie nicht durch dieses Gesetz abgeändert sind. Da es sich um eine öffentlichrechtliche Auseinandersetzung handelt, so verstößt die Regelung durch Landesgesetz nicht gegen die Reichsverfassung, auch nicht, soweit Grundsätze des bürgerlichen Rechts, die bei der Auseinandersetzung an sich zu beachten sind, abgeändert werden.

§ 5.

(1) Bei der Auseinandersetzung kann durch Vereinbarung zwischen der neuen Stadtgemeinde Berlin und dem Provinzialverbande der Provinz Brandenburg, insbesondere zur Vermeidung einer Auseinandersetzung in Ansehung bestimmter Gegenstände, die Übertragung einzelner kommunaler Aufgaben an eine von beiden Kommunalverbänden zu bildende Körperschaft

öffentlichen Rechts (Zweckverband Berlin-Brandenburg) stattfinden. Die Rechtsverhältnisse dieses Zweckverbandes, insbesondere der Umfang der von ihm zu erfüllenden kommunalen Aufgaben, sind durch eine Satzung zu regeln, die der Vereinbarung der Beteiligten unterliegt.

(2) Die Festsetzung der Satzung des Zweckverbandes bedarf der Bestätigung durch das Schiedsgericht (§ 4).

(3) Die Aufsicht des Staates über die Verwaltung der Verbandsangelegenheiten wird in erster Instanz von dem Oberpräsidenten, in höherer Instanz von dem Minister des Innern im Benehmen mit den sonst zuständigen Ministern ausgeübt. Der Oberpräsident ist befugt, an den Beratungen der Verbandsorgane entweder selbst oder durch Vertreter teilzunehmen. Er oder seine Vertreter sind auf Verlangen jederzeit zu hören.

(4) Die Beschwerde an die höhere Instanz ist innerhalb zwei Wochen zulässig.

(5) Auf die Handhabung der Aufsicht und die Rechtsmittel gegen Akte der Aufsicht finden die Bestimmungen in §§ 115, 116, 118, 121 und 122 der Provinzialordnung für die östlichen Provinzen vom 29. Juni 1875/22. März 1881 (Gesetzsamml. 1881 S. 233) entsprechende Anwendung.

(6) Die Beamten des Zweckverbandes haben die Rechte und Pflichten von Provinzialbeamten.

(7) Im übrigen bleibt die Regelung der in diesem Paragraphen behandelten Angelegenheiten einem besonderen Gesetz vorbehalten.

1. Einem einzigen Zweckverband Berlin-Brandenburg ist die Gesamtheit der gemeinsamen kommunalen Angelegenheiten zu übertragen.

2. Die Aufsichtsbehörden haben darüber zu wachen, daß die Verwaltung den Gesetzen gemäß geführt und in ordentlichem Gange erhalten wird (§ 115 Prov.Ordn.), die Befugnisse überschreitende oder ungesetzliche Beschlüsse zu beanstanden (§ 118), nötigenfalls die Einstellung von Mitteln in den Haushalt zu verfügen (§ 121) und die Auflösung der Vertretung des Zweckverbandes zu veranlassen (§ 122).

§ 6.

Das Schiedsgericht (§ 4) hat der neuen Stadtgemeinde Berlin in Anrechnung auf die endgültig zu zahlenden Entschädigungssummen und im Rahmen des in § 4 Ziffer 1 ausgesprochenen Grundsatzes Abschlagszahlungen an die Restverbände aufzugeben; es hat zu diesem Zwecke unverzüglich nach Inkrafttreten des Gesetzes zusammenzutreten und binnen drei Monaten zum erstenmal über die Höhe der Abschlagszahlungen zu beschließen.

§ 7.

(1) Das Schiedsgericht (§ 4) besteht aus dem Oberpräsidenten der Provinz Brandenburg und von Berlin als Vorsitzendem, aus zwei vom Präsidenten des Oberverwaltungsgerichts zu bestellenden Mitgliedern dieses Gerichts oder deren Stellvertretern, aus den Verwaltungsgerichtsdirektoren der Bezirksausschüsse für den neuen Stadtkreis Berlin und zu Potsdam oder ihren Stellvertretern sowie aus acht weiteren Mitgliedern, von denen vier von dem Magistrat der neuen Stadtgemeinde Berlin und je einer von den Kreisausschüssen der Kreise Teltow, Niederbarnim und Osthavelland und von dem Provinzialausschuß der Provinz Brandenburg gewählt werden. Für die gewählten Mitglieder werden in gleicher Weise Stellvertreter gewählt. Die Stellvertreter der Verwaltungsgerichts-

direktoren der Bezirksausschüsse werden aus der Zahl der ernannten und der stellvertretenden Mitglieder der Bezirksausschüsse vom Minister des Innern bestellt.

(2) Über das Verfahren vor dem Schiedsgericht und über die den ernannten und gewählten Mitgliedern zu gewährenden Vergütungen oder Entschädigungen beschließt das Staatsministerium. Bis zu dem Beschlusse des Staatsministeriums wird das Verfahren durch das Schiedsgericht selbst geregelt. Die gesamten Kosten des Verfahrens einschließlich der Vergütungen oder Entschädigungen werden durch das Schiedsgericht auf die Auseinandersetzungsparteien verteilt.

Wegen der vorläufigen Zusammensetzung vergl. § 58 Ziffer 1 Absatz 2.

§ 8.

Die Stadtverordnetenversammlung besteht aus 225 Mitgliedern.

Eine Änderung der Zahl der Stadtverordneten durch Ortsgesetz ist nicht zulässig, Begründung S. 46. Zulässig ist aber eine Änderung der Zahl und Grenze der Wahlkreise durch Gemeindebeschluß, siehe Ziffer 2 Absatz 2.

§ 9.

(1) Für die Wahl der Stadtverordneten werden Wahlkreise gebildet. Die Wahlkreiseinteilung ergibt sich aus der Anlage 1.*) Auf die Wahlen der Stadtverordneten von Berlin finden die allgemein für die Wahlen von Stadtverordneten geltenden Vorschriften mit folgenden Maßgaben Anwendung:

1. (1) Neben den Wahlvorschlägen für die einzelnen Wahlkreise (Kreiswahlvorschläge) können Wahlvorschläge für die ganze Stadt (Stadtwahlvorschläge) eingereicht werden.

(2) Die Kreiswahlvorschläge müssen von mindestens hundert im Wahlkreis zur Ausübung der Wahl berechtigten Personen, die Stadtwahlvorschläge müssen von mindestens zweihundert in der Stadt Berlin Wahlberechtigten unterzeichnet werden.

(3) Die Kreiswahlvorschläge müssen die Erklärung enthalten, welchem Stadtwahlvorschlag die bei Zuteilung der Stadtverordnetensitze nicht berücksichtigten Stimmen zugerechnet werden sollen (Ziffer 2 Abs. 1).

(4) Will der Wähler seine Stimme zugleich für den zugehörigen Stadtwahlvorschlag abgeben, so muß der Stimmzettel eine Erklärung hierüber enthalten. Fehlt eine solche Erklärung, so darf der Stimmzettel keinem Stadtwahlvorschlage zugerechnet werden.

(5) Eine Verbindung von Wahlvorschlägen ist nur bei den Stadtwahlvorschlägen zulässig.

2. (1) Zur Ermittlung des Wahlergebnisses ist zunächst die Gesamtzahl der abgegebenen gültigen Stimmen durch 225 (§ 8) zu teilen und auf diese Weise der Wahlquotient festzustellen. Jedem Kreiswahlvorschlage werden soviel Stadtverordnetensitze zugeteilt, als sich die Zahl der für ihn abgegebenen Stimmen durch den Wahlquotienten voll teilen läßt. Die übrigbleibenden Stimmen und die Stimmen eines Kreiswahlvorschlages, für den weniger Stimmen abgegeben sind, als der Wahlquotient beträgt, werden dem entsprechenden Stadtwahlvorschlage angerechnet, soweit eine Anrechnung gemäß Ziffer 1 Abs. 4 zulässig ist.

(2) Auf die Stadtwahlvorschläge werden diejenigen Stadtverordnetensitze, über welche durch

die Verteilung auf die Kreiswahlvorschläge nicht verfügt ist, nach den allgemein für die Stadtverordnetenwahlen geltenden Grundsätzen der Verhältniswahl aufgeteilt.

(2) Die Anzahl und die Grenzen der Wahlkreise können durch Gemeindebeschluß abgeändert werden.

Anlage 1.

Wahlkreise.

Es bilden je einen Wahlkreis die Verwaltungsbezirke:

	Einwohner*)
1. Mitte (Wahlkreis I)	292 761
2. Tiergarten (Wahlkreis II)	273 502
3. Wedding (Wahlkreis III)	337 193
4. Prenzlauer Tor ((Wahlkreis IV)	311 631
5. Friedrichshain (Wahlkreis V)	326 067
6. Hallesches Tor (Wahlkreis VI)	366 317
7. Charlottenburg usw. (Wahlkreis VII)	324 981
8. Spandau usw. (Wahlkreis VIII)	104 223
9. Wilmersdorf usw. (Wahlkreis IX)	158 005
10., 12., 13. Zehlendorf usw. / Steglitz usw. / Tempelhof usw. } (Wahlkreis X) . . .	239 651
11. Schöneberg usw. (Wahlkreis XI)	222 071
14. Neukölln usw. (Wahlkreis XII)	279 732
15., 16. Treptow usw. / Cöpenick usw. } (Wahlkreis XIII)	145 947
17. Lichtenberg usw. (Wahlkreis XIV)	182 870
18., 19., 20 Weißensee usw. / Pankow usw. / Reinickendorf usw. } (Wahlkreis XV) .	241 582
Zusammen . . .	3 806 533

*) Bei Zugrundelegung des vorläufigen Ergebnisses der letzten allgemeinen Volkszählung vom 8. Oktober 1919.

Für die Wahlen sind maßgebend, die Verordnungen vom 24. und 31. Januar 1919 (Gesetzsamml. S. 13 und 15), ferner das Gesetz vom 18. Juli 1919 (Gesetzsamml. S. 118). Die betreffenden Bestimmungen sind abgedruckt bei § 53.

§ 10.

(1) Die Stadtverordneten werden auf vier Jahre gewählt.

(2) Die ausscheidenden Stadtverordneten bleiben bis zum Zusammentritt der neuen Stadtverordnetenversammlung in ihrem Amt.

§ 11.

(1) Der Magistrat besteht aus höchstens 30 Mitgliedern. Über die Festsetzung der Zahl und über die Verteilung der Sitze auf besoldete und unbesoldete Mitglieder wird erstmals durch die Stadtverordnetenversammlung, später durch Gemeindebeschluß entschieden.

(2) Der Erste Bürgermeister führt die Amtsbezeichnung Oberbürgermeister, sein Stellvertreter führt die Amtsbezeichnung Bürgermeister.

1. Die Zahl der Magistratsmitglieder darf auch durch Ortsgesetz nicht höher als auf 30 bemessen werden.

2. Gemäß § 29 der Städteordnung wird es zulässig sein, besoldete Mitglieder für bestimmte Funktionen, Kämmerer, Syndiken, Bau- und Schulräte zu wählen; siehe Ledermann, StO., § 29 Anm. 6.

§ 12.

(1) Die besoldeten Mitglieder des Magistrats werden auf die Dauer von zwölf Jahren, die unbesoldeten Mitglieder werden, und zwar nach den Grundsätzen der Verhältniswahl, auf die Dauer von vier Jahren von der Stadtverordnetenversammlung gewählt. Schon vor Ablauf der Wahlzeit endet die Amtsdauer der unbesoldeten Magistratsmitglieder, sobald die Wahlzeit der Stadtverordnetenversammlung abgelaufen oder die

Stadtverordnetenversammlung aufgelöst ist. Die ausscheidenden unbesoldeten Magistratsmitglieder bleiben jedoch bis zum Amtsantritt der neugewählten in ihrem Amt.

(2) Wenn ein unbesoldetes Mitglied des Magistrats die Wahl ablehnt oder nachträglich aus dem Magistrat ausscheidet, tritt ohne Vornahme einer Ersatzwahl an seine Stelle der Bewerber, der nach der Wahlordnung an nächster Stelle berufen ist. Ist ein solcher Bewerber nicht vorhanden, so erfolgt eine Ersatzwahl in denselben Formen wie die Wahl eines besoldeten Magistratsmitgliedes. Die unbesoldeten Mitglieder des Magistrats werden nach Ablauf der Wahlzeit in ihrer Gesamtheit neu gewählt.

(3) Die näheren Bestimmungen über die Durchführung der Verhältniswahl werden durch Ortsgesetz, erstmalig durch eine vom Minister des Innern zu erlassende Anordnung getroffen.

§ 13.

(1) Die Wahl der Stadtverordneten und der stimmfähigen Bürger zu den Verwaltungsdeputationen und Kommissionen (§ 59 der Städteordnung) erfolgt nach den Grundsätzen der Verhältniswahl für vier Jahre und mit der Maßgabe, daß die Amtsdauer schon vor Ablauf der Wahlzeit endet, sobald die Wahlzeit der Stadtverordnetenversammlung abgelaufen oder die Stadtverordnetenversammlung aufgelöst ist. Die ausscheidenden Stadtverordnten und stimmfähigen Bürger bleiben jedoch bis zum Amtsantritt der neugewählten in ihrer Tätigkeit.

(2) Die näheren Bestimmungen über die Durchführung der Verhältniswahl sind durch Ortsgesetz zu treffen.

(2) Durch Ortsgesetz kann den Verwaltungsdeputationen und -Kommissionen die Befugnis zur Vertretung der Stadtgemeinde nach außen übertragen werden.

1. Die Bestimmung bezieht sich nicht auf Ausschüsse der Stadtverordneten oder gemischte Kommissionen von Magistrat und Stadtverordneten, welche nicht dauernden Verwaltungszwecken dienen.

2. Wegen Weiterbetrauung bestehender Verwaltungsdeputationen der Einzelgemeinden mit der Fortführung ihrer Geschäfte siehe § 58 Absatz 1 Anm. 4.

3. Nach § 56 Ziffer 8 der Städteordnung vom 30. Mai 1853, welcher auch für die neue Gemeinde Berlin gilt, hatte der Magistrat bereits das Recht, seine Vertretungsbefugnis auf seine Organe, darunter die Deputationen, zu übertragen. Jetzt bedarf es zu einer Übertragung dieser Befugnis auf die Verwaltungsdeputationen eines Ortsgesetzes, d. h. Ortsstatuts. Um die allgemein unbeschränkte Vertretungsbefugnis der Stadtgemeinde kann es sich dabei wohl kaum handeln, sondern lediglich um eine Vertretungsbefugnis auf dem Gebiete, für welches die Deputation zuständig ist, weil ein weitergehendes Bedürfnis wohl kaum besteht. Nach dem Wortlaut des § 13 kann freilich einer Verwaltungsdeputation auch die allgemeine Vertretungsbefugnis übertragen werden, was übrigens auch bisher durch Ortsstatut möglich war.

Die Vertretungsbefugnis anderer Gemeindeorgane und Beamten wird durch § 13 nicht berührt. Vergl. für die Frage der Vertretung Hellfritz, Vertretung der Städte und Landgemeinden, Berlin 1916.

Vergl. auch § 25 Absatz 3, § 29 Absatz 5.

§ 14.

(1) Das Stadtgebiet wird nach Maßgabe der Anlage 2*) in Verwaltungsbezirke eingeteilt.

(2) Die Anzahl und die Grenzen der Verwaltungsbezirke können durch Gemeindebeschluß abgeändert werden, sofern die beteiligten Bezirksversammlungen der Abänderung zustimmen. Dabei muß ein Wahlkreis einen oder mehrere Verwaltungsbezirke ungeteilt umfassen.

(3) Für jeden Verwaltungsbezirk werden zur Wahrnehmung der örtlichen Interessen, zur Durchführung der Selbstverwaltung und zur Entlastung der städtischen Körperschaften der Stadtgemeinde Berlin eine Bezirksversammlung und ein kollegiales Bezirksamt eingerichtet.

Anlage 2. Verwaltungsbezirke*).

		Einwohner
1. Mitte: gebildet aus folgenden Stadtbezirken der Stadt Berlin: 1—20, 23, 24, 129—148, 152, 182, 196—198, 200 bis 217, 223—224, 226—236, 255 bis 258, 267—275, 279—282 . . .	292 761	
2. Tiergarten: gebildet aus folgenden Stadtbezirken der Stadt Berlin: 31—49, 283 bis 292 C, 293 A—304	273 502	
3. Wedding: gebildet aus folgenden Stadtbezirken der Stadt Berlin: 251—254 E, 259 bis 266, 276—278, 292 D, 305 bis 326 D	337 193	1 907 471

*) Bei Zugrundelegung des vorläufigen Ergebnisses der letzten allgemeinen Volkszählung vom 8. Oktober 1919.

			Einwohner
4. Prenzlauer Tor: gebildet aus folgenden Stadtbezirken der Stadt Berlin: 189 D, 189 F, 190 A, 190 D, 190 G, 191—194 C, 199, 218—222, 225, 237—250 E . .		311 631	
5. Friedrichshain: gebildet aus folgenden Stadtbezirken der Stadt Berlin: 149—151, 153 bis 181 K, 183—189 C, 189 E, 190 B, 190 C, 190 E, 190 F, 195 .	321 105	326 067	
Berlin-Stralau außer der Abtei	4 962		
6. Hallesches Tor: gebildet aus folgenden Stadtbezirken der Stadt Berlin: 21—22, 25—30, 50—128		366 317	
7. Charlottenburg		322 714	324 981
Heerstraße-Gutsbezirk südlicher Teil bis zum Linienzuge, gebildet durch: die Charlottenburger Chaussee bis zum Schnittpunkt mit dem ehemaligen Bahnkörper der Hamburg-Lehrter Eisenbahn, durch diesen Bahnkörper selbst bis zur Vorortsbahnlinie Pichelsberg-Spandau, durch diese Eisenbahnlinie selbst bis zur Südgrenze des Jagens 157 und durch diese Südgrenze selbst, ungefähr		460	
Plötzensee-Gutsbezirk		1 601	
Jungfernheide, Gutsbezirk südlicher Teil bis zum Spandauer Weg, den Gestellwegen südlich der Jagen 39, 40, 41 und dem Ostrande der Mäckeritz-Wiesen		206	

		Einwohner
8. Spandau	95 373	
Spandau-Zitadelle-Gutsbezirk	234	
Staaken	5 533	
Heerstraße-Gutsbezirk, nördlicher Teil bis zum Linienzuge, gebildet durch: die Charlottenburger Chaussee bis zum Schnittpunkt mit dem ehemaligen Bahnkörper der Hamburg-Lehrter Eisenbahn, durch diesen Bahnkörper selbst bis zur Vorortsbahnlinie Pichelsberg-Spandau, durch diese Eisenbahnlinie selbst bis zur Südgrenze des Jagens 157 und durch diese Südgrenze selbst, ungefähr	313	104 223
Tiefwerder	805	
Pichelsdorf	400	
Pichelswerder-Gutsbezirk	27	
Gatow	610	
Cladow	928	
9. Berlin-Wilmersdorf	139 468	
Berlin-Schmargendorf	11 581	158 005
Berlin-Grunewald-Landgemeinde	6 449	
Berlin-Grunewald-Forst-Gutsbezirk	507	
10. Zehlendorf	20 562	
Berlin-Dahlem-Gutsbezirk	6 244	
Nikolassee	1 982	
Wannsee	3 980	
Klein-Glienicke-Gutsbezirk	79	33 043
Pfaueninsel-Gutsbezirk	45	
Potsdamer-Forst-Gutsbezirk nördlicher Teil bis zum Griebnitzsee und Kohlhasenbrück	151	
11. Berlin-Schöneberg	178 207	222 071
Berlin-Friedenau	43 864	

			Einwohner
12.	Berlin-Steglitz	83 370	146 822
	Berlin-Lichterfelde	47 386	
	Berlin-Mariendorf, Ortsteil Südende	3 663	
	Berlin-Lankwitz	12 403	
13.	Berlin-Tempelhof	34 026	59 786
	Berlin-Mariendorf, außer Ortsteil Südende	17 073	
	Berlin-Marienfelde	3 851	
	Lichtenrade	4 836	
	Buckow, Ortsteil westlich der Mariendorf-Lichtenrader Chaussee	—	
14.	Neukölln	262 414	279 732
	Berlin-Britz	13 475	
	Buckow, außer Ortsteil westlich der Mariendorf-Lichtenrader Chaussee	2 396	
	Rudow	1 447	
15.	Berlin-Treptow einschließlich der Abtei	30 717	89 128
	Berlin-Oberschöneweide	25 612	
	Wuhlheide-Gutsbezirk	54	
	Berlin-Niederschöneweide	9 609	
	Berlin-Johannisthal	5 452	
	Adlershof	12 656	
	Alt-Glienicke	5 028	
16.	Cöpenick	32 589	56 819
	Friedrichshagen	14 850	
	Cöpenick-Forst-Gutsbezirk	211	
	Rahnsdorf	2 700	
	Müggelheim	186	
	Grünau-Dahmer-Forst-Gutsbezirk	127	
	Schmöckwitz	576	
	Bohnsdorf	2 027	
	Grünau	3 553	

		Einwohner
17. Berlin-Lichtenberg	144 986	182 870
Berlin-Friedrichsfelde	24 414	
Biesdorf-Landgemeinde	2 954	
Biesdorf-Gutsbezirk	117	
Kaulsdorf	3 381	
Mahlsdorf	6 022	
Marzahn	744	
Hellersdorf mit Wuhlgarten-Gutsbezirk	252	
18. Berlin-Weißensee	45 949	54 627
Malchow-Landgemeinde	486	
Malchow-Gutsbezirk	363	
Wartenberg-Landgemeinde	244	
Wartenberg-Gutsbezirk	152	
Falkenberg-Landgemeinde	351	
Falkenberg-Gutsbezirk	348	
Berlin-Hohenschönhausen	6 734	
19. Berlin-Pankow	57 962	94 656
Berlin-Niederschönhausen-Landgemeinde	18 913	
Niederschönhausen-Gutsbezirk mit Kolonie Schönholz	362	
Berlin-Rosenthal-Landgemeinde, außer Ortsteil westlich der Liebenwalder Bahn und Ortsteil Rosenthal I (Wilhelmsruh) ungefähr	1 725	
Berlin-Rosenthal-Gutsbezirk	129	
Blankenfelde-Landgemeinde	549	
Blankenfelde-Gutsbezirk	360	
Berlin-Buchholz	4 905	
Buch-Landgemeinde	3 917	
Buch-Gutsbezirk	2 562	
Karow	949	
Blankenburg-Landgemeinde	1161	
Blankenburg-Gutsbezirk	156	
Berlin-Heinersdorf	1 006	

		Einwohner
20. Berlin-Reinickendorf	41 289	
Berlin-Rosenthal-Landgemeinde, Ortsteil westlich der Liebenwalder Bahn und Ortsteil Rosenthal I (Wilhelmsruh) ungefähr	4 332	
Berlin-Wittenau	10 206	
Lübars	4 390	
Hermsdorf bei Berlin	7 672	
Frohnau-Gutsbezirk	1 191	
Tegel-Forst-Nord-Gutsbezirk	77	92 299
Heiligensee	2 049	
Tegel-Schloß-Gutsbezirk	729	
Berlin-Tegel-Landgemeinde	20 306	
Jungfernheide-Gutsbezirk nördlicher Teil bis zum Spandauer Weg und den Gestellwegen südlich der Jagen 39, 40, 41 und der Teil westlich der Mäckeritz-Wiesen	58	
		3 806 533

1. Die Bestimmungen der §§ 14—29 bilden den Kern des Gesetzes. Durch sie wird erst verständlich, wie der Zusammenschluß der beteiligten Gemeinden gedacht ist. Die Bestimmungen über die Verwaltungs- und Ortsbezirke sind in höchstem Maße entwicklungsfähig. Das Gesetz weist selbst darauf in §§ 22 (7), 23 (6), 25, 28, 29 hin. Diese Entwicklung kann aber auch unterbleiben und die Bezirke können absterben, ebenso wie die Einrichtung der Bezirksvorsteher der Städteordnung nie zum rechten Leben gediehen ist. Die Beteiligung der Stadtverordneten an den Bezirksverwaltungen, die gleichen Grundsätze für die Wahl der Bezirksverordneten wie für die Stadtverordneten, das Beanstandungsrecht des Magistrats, das schiedsgerichtliche Verfahren, in welchem der Oberpräsident den Ausschlag gibt und daher den Magistrat zur Anlehnung an die Regierung zwingt, das sind Momente, welche zu einer Stagnierung der Bezirksverwaltung wie der Zentralverwaltung führen können. Ein Ausweg ist nur durch eine verständige, aber nicht übereilte Fortbildung der Bezirksverwaltung durch Ortsgesetz, d. h. Ortsstatut, gegeben. Vergl. Wölbling,

Archiv für Rechts- und Wirtschaftsphilosophie, Band VIII; Landesversammlung, 88. Sitzung, Drucksachen 6997, 7003, 7011, 7016, 7024 f, 7029, 7032. Wegen Genehmigung der Ortsstatute vergl. Wölbling, Kriegsgesetz betr. Vereinfachung der Verwaltung, Stuttgart 1918, S. 16, 18, 44 f.

2. Es besteht auch die Möglichkeit, daß eine oder mehrere Bezirksversammlungen die Abänderung der Verwaltungsbezirke beschließen, und daß dieser Beschluß durch das Schiedsgericht gemäß § 28 trotz Ablehnung durch die städtischen Körperschaften endgültig bestätigt wird.

3. Gemäß § 29 können die Rechte der Bezirksversammlungen durch Ortsbezirksverwaltungen beschränkt werden.

§ 15.

(1) Die Bezirksversammlungen (§ 14) setzen sich zusammen aus Stadtverordneten und stimmfähigen Bürgern (Bezirksverordneten) nach Maßgabe der folgenden Bestimmungen:

1. (1) Sofern sich der Verwaltungsbezirk mit dem Bezirk eines Wahlkreises deckt, gehören die sämtlichen im Wahlkreise gewählten Stadtverordneten gleichzeitig der Bezirksversammlung als Mitglieder an.

   (2) Sofern ein Wahlkreis aus mehreren Verwaltungsbezirken besteht, verteilt die Stadtverordnetenversammlung die in diesem Wahlkreise gewählten Stadtverordnten auf die Bezirksversammlungen der beteiligten Verwaltungsbezirke.

   (3) Die auf die Stadtwahlvorschläge gewählten Stadtverordneten werden von der Stadtverordnetenversammlung auf die Bezirksversammlungen der einzelnen Verwaltungsbezirke verteilt.

(4) Bei der Zuteilung von Stadtverordneten zu Bezirksversammlungen sollen nach Möglichkeit der Wohnsitz des Stadtverordnten in dem Bezirk oder sonstige persönliche Beziehungen zu ihm berücksichtigt werden.

2. (1) Die Bezirksverordneten werden nach den allgemein für die Stadtverordnetenwahlen geltenden Vorschriften von der wahlberechtigten Bevölkerung des Verwaltungsbezirks für die gleiche Wahlzeit wie die Stadtverordneten gewählt.

(2) Es werden gewählt in Verwaltungsbezirken:

mit weniger als 50 000 Einwohnern 15 Bezirksverordnete,
mit 50 000 bis ausschließlich 100 000 Einwohnern 30 Bezirksverordnete,
mit 100 000 bis ausschließlich 200 000 Einwohnern 40 Bezirksverordnete,
mit 200 000 und mehr Einwohnern 45 Bezirksverordnete.

(2) Die Bestimmung in § 10 Abs. 2 findet auf die Mitglieder der Bezirksversammlungen entsprechende Anwendung.

(3) Die Wahlen der Stadtverordneten und der Bezirksverordneten finden gleichzeitig statt. Die näheren Bestimmungen über die Durchführung der Wahlen der Bezirksverordneten erläßt der Minister des Innern.

1. Die unter 1. Absatz 4 erwähnten persönlichen Beziehungen können z. B. die frühere Vertretung des Bezirkes oder eines Teils desselben in der Stadtverordnetenversammlung, eine amtliche Tätigkeit in diesem Bezirk sein.

2. Gemäß § 10 Absatz 2 bleiben die ausscheidenden Bezirksverordneten bis zum Zusammentritt der neuen Bezirksversammlungen im Amt.

§ 16.

Die Bezirksversammlung wählt aus ihrer Mitte jährlich einen Vorsitzenden und einen Schriftführer sowie deren Stellvertreter.

Die Wahl mehrerer gleichberechtigter Vorsitzenden würde ungültig sein.

§ 17.

(1) Die Bezirksversammlung tritt zu regelmäßigen Sitzungen und außerdem so oft zusammen, als die Geschäfte es erfordern. Die Zusammenberufung geschieht durch den Vorsitzenden; die Art und Weise der Zusammenberufung bestimmt die Geschäftsordnung.

(2) Das beteiligte Bezirksamt ist zu allen Sitzungen der Bezirksversammlung unter Mitteilung der Tagesordnung einzuladen und kann sich auch durch Beauftragte vertreten lassen. Die Vertreter des Magistrats und des Bezirksamts müssen gehört werden, so oft sie es verlangen.

Wegen der Geschäftsordnung vergl. § 21.

§ 18.

(1) Die Bezirksversammlung kann nur beschließen, wenn mehr als die Hälfte der Mitglieder zugegen ist. Eine Ausnahme hiervon findet statt, wenn die Mitglieder zum zweitenmal zur Verhandlung über denselben Gegenstand zusammenberufen werden, weil die erste Versammlung nicht beschlußfähig war. Bei der zweiten Zusammenberufung muß auf diese Bestimmung ausdrücklich hingewiesen werden.

(2) Die Beschlüsse werden mit Stimmenmehrheit gefaßt. Bei Stimmengleichheit gilt ein Antrag als abgelehnt. Die von der Bezirksversammlung vorzunehmenden Wahlen regeln sich nach der in die Geschäftsordnung aufzunehmenden Wahlordnung. Stimmenenthaltungen und ungültige Stimmen zählen mit zur Feststellung der Beschlußfähigkeit, nicht aber zur Berechnung der Mehrheit.

(3) Bei der Beratung und Abstimmung über solche Gegenstände, die das besondere Privatinteresse eines einzelnen Mitgliedes der Bezirksversammlung oder seiner Angehörigen berühren, darf dieses Mitglied nicht zugegen sein.

In Absatz 3 ist das besondere Privatinteresse, nicht ein solches Privatinteresse gemeint, an welchem der Betreffende mit einer Gruppe, der er angehört, gemeinsam beteiligt ist, z. B. als gewerbliche oder Gemeindearbeiter, als Grundbesitzer, als Steuerzahler. Das Privatinteresse kann auch auf öffentlich-rechtliche Vorschriften beruhen.

§ 19.

(1) Die Sitzungen der Bezirksversammlung sind öffentlich. Für einzelne Gegenstände kann durch besonderen Beschluß, welcher in geheimer Sitzung gefaßt wird, die Öffentlichkeit ausgeschlossen werden.

(2) Der Vorsitzende leitet die Versammlungen, eröffnet und schließt sie und handhabt die Ordnung Er kann jeden Zuhörer aus dem Sitzungszimmer entfernen lassen, der durch öffentliche Zeichen des Beifalls oder Mißfallens die Versammlung stört oder Unruhe irgendwelcher Art verursacht.

1. Zu Absatz 1 vergl. § 45 StO. und Ledermann, StO., Anmerkungen zu § 45.

2. Zu Absatz 2. Nur ein ordnungsmäßig gewählter Vorsteher hat das Recht, Maßnahmen zur Aufrechterhaltung der Ordnung zu treffen, so daß sich aus einem nicht ordnungsmäßigen Rechtsfolgen auch strafrechtlicher Art ergeben können.

§ 20.

Die Beschlüsse der Bezirksversammlung sind in ein besonderes Buch einzutragen. Die Eintragungen sind vom Vorsitzenden zu unterzeichnen. Alle Beschlüsse sind dem Bezirksamt mitzuteilen.

Die Mitteilung muß schriftlich erfolgen. Die Anhörung in der Bezirksversammlung ersetzt die Mitteilung nicht.

§ 21.

Die Bezirksversammlung gibt sich ihre Geschäftsordnung selbst.

Hierbei ist die Bezirksversammlung nicht wie im Falle des § 22 an die Grundsätze der städtischen Körperschaften gebunden, wohl aber empfiehlt es sich, daß diese den Bezirksversammlungen im Interesse der Einheitlichkeit des Geschäftsverfahrens die Muster für die Geschäftsordnung vorlegen.

§ 22.

(1) Die Bezirksversammlung hat im Rahmen der von den städtischen Körperschaften aufgestellten Grundsätze über alle Angelegenheiten des Bezirks zu beschließen.

(2) Der Bezirksversammlung liegt die Aufsicht über die Verwaltung derjenigen städtischen Einrichtungen und Anstalten ihres Verwaltungsbezirks ob, die vorwiegend den Interessen des Verwaltungsbezirks zu dienen bestimmt sind. Sie stellt jährlich als Unterlage für den städtischen Haushalt eine Übersicht über den

Bedarf dieser Anstalten und Einrichtungen zusammen und reicht sie als Antrag durch Vermittlung des Bezirksamts dem Magistrat ein. Bei der Aufstellung des Haushaltsplans der Stadt Berlin sollen für die Bedürfnisse der Bezirke besondere Voranschläge beschlossen und den Bezirken zur Durchführung überwiesen werden. Für die Durchführung soll den Bezirksorganen ein angemessener Spielraum eingeräumt werden.

(3) Die Ausführung der Beschlüsse der Bezirksversammlung erfolgt, abgesehen von der Durchführung der Geschäftsordnung, durch das Bezirksamt.

(4) Die Bezirksversammlung ist berechtigt, sich von der Ausführung ihrer Beschlüsse und von der Verwendung der für die örtlichen Einrichtungen und Anstalten des Verwaltungsbezirks (Abs. 2) bereitgestellten Mittel Überzeugung zu verschaffen. Sie kann zu diesem Zwecke von dem Bezirksamt die Einsicht der Akten verlangen.

(5) Der Bezirksversammlung obliegt die Wahl aller Ehrenbeamten des Bezirks.

(6) Wünsche, Anregungen und Anträge, die sich auf ihren Verwaltungsbezirk beziehen, hat die Bezirksversammlung durch Vermittlung des Bezirksamts an die städtischen Körperschaften zu leiten.

(7) Durch Gemeindebeschluß kann die Zuständigkeit der Bezirksversammlung erweitert werden.

1. Unter städtischer Körperschaft sind Magistrat und Stadtverordnete zu verstehen. Die Deputationen, die an sich ebenso wie Bezirksversammlung und Bezirksamt städtische Körperschaften sind (siehe die Ausdrucksweise in § 28 Absatz 1), sind hier offenbar nicht gemeint. Die Grundsätze können entweder vom Magistrat oder von diesem und den Stadtverordneten gemeinsam

aufgestellt werden, je nachdem sie Gegenstände betreffen, über welche der Magistrat allein oder gemeinsam mit den Stadtverordneten zu beschließen hat. Durch diese Grundsätze darf das Recht der Bezirksversammlung, über alle Angelegenheiten des Bezirkes zu beschließen, nicht aufgehoben werden.

Streitigkeiten über die Durchbrechung der Grundsätze würde das Schiedsgericht gemäß § 28 nicht zu entscheiden haben. Vielmehr kann der Magistrat die Ausführung von Beschlüssen, die gegen die erwähnten Grundsätze verstoßen, verhindern, auch würde das Bezirksamt, welchem allein die Ausführung der Beschlüsse obliegt, deren Ausführung abzulehnen haben, wenn sie gegen die Grundsätze der städtischen Körperschaften verstoßen.

2. Der Entwurf (§ 21) bezeichnete als Aufgaben der Bezirksversammlung nur die Aufsicht über diejenigen Einrichtungen und Anstalten ihres Verwaltungsbezirks, welche vorwiegend den Interessen des Bezirks zu dienen bestimmt sind. Vergl. Drucksache Nr. 2172 S. 42—56. Über die Frage, welche Angelegenheiten als bezirkliche in Betracht kommen, entscheidet im Zweifel der Magistrat. Begründung des Entwurfs Sp. 54, Drucksache Nr. 2172 Sp. 44. Es kommen nicht ohne weiteres für die Bezirksversammlung die Zweigstellen einer allgemeinen Einrichtung in Betracht, die in dem Bezirk liegen, auch ist es nicht möglich, die Dezentralisierung in jedem Falle so vorzunehmen, daß die Unterbezirke sich mit den hier in Rede stehenden Bezirken decken, z. B. beim Arbeitsnachweis. Die Aufsicht der Bezirksversammlung erstreckt sich auch auf solche Einrichtungen und Anstalten ihres Bezirks, die unmittelbar vom Magistrat, nicht vom Bezirksamt verwaltet werden.

3. Bei der Feststellung des Haushalts durch den Magistrat und die Stadtverordneten hat die Bezirksversammlung keine entscheidende Mitwirkung, sondern ihre Mitwirkung beschränkt sich auf die Vorbereitung des Haushalts; vergl. auch Anm. 4.

4. Vor der Weiterreichung eines Antrages hat das Bezirksamt, welches ein Organ des Magistrats ist (vergl. § 25 Absatz 1), zu prüfen, ob die Anträge den Gesetzen und den von den städtischen

Körperschaften nach Form und Inhalt aufgestellten Grundsätzen entsprechen. Das gilt auch von den Vorschlägen für den Haushalt.

5. Die Durchführung des besonderen Haushalts des Bezirks erfolgt durch das Bezirksamt; doch ist es offenbar der Wille des Gesetzgebers, daß der betreffende Teil des Haushalts auch der Bezirksversammlung vorgelegt wird, damit diese innerhalb des durch den Stadthaushaltplan gelassenen Spielraums über die Verwendung der Mittel beschließen kann, doch dürfen ihre Beschlüsse nicht so weit gehen, daß dadurch die selbständige Verwaltung der Bezirksämter beseitigt wird.

6. Das Bezirksamt hat alle innerhalb der Zuständigkeit der Bezirksversammlung und des Rahmens der vom Magistrat aufgestellten Grundsätze liegenden Beschlüsse auszuführen, sofern sie nicht vom Magistrat gemäß § 27 beanstandet werden.

7. Nur die Bezirksversammlung, nicht jeder Bezirksverordnete, hat das Kontrollrecht, wohl aber kann jeder Bezirksverordnete ihm bekanntgewordene Mängel in der Bezirksversammlung rügen. Rechnungslegung kann die Bezirksversammlung nicht fordern.

8. a) Wegen des Begriffs und der Stellung der Ehrenbeamten vergl. Wölbling, Recht des Gemeindebeamten, Berlin 1913, S. 170—188, ders., Berliner Stadtrecht, S. 50 ff.

b) Alle lediglich für den Bezirk in Betracht kommenden Ehrenbeamten sind durch die Bezirksverwaltung zu wählen, daher auch die Ortsbezirksvorsteher, welche an die Stelle der früheren Bezirksvorsteher treten; vergl. § 29.

9. Es ist nicht gesagt, daß die Wünsche, Anregungen und Anträge nur für den Bezirk von Interesse sind. In anderen Bezirken können gleiche Interessen bestehen. Nur wenn die Fragen lediglich für andere Teile der Stadt von Interesse sind, nicht für den Bezirk, dann ist die Zuständigkeit der Bezirksversammlung nicht gegeben. Stets muß es sich aber um eine Gemeindeangelegenheit handeln.

10. Zu Absatz 6: Soweit das Bezirksamt nicht selbst in der Lage ist, sie zu erfüllen.

11. Aus Absatz 7 folgt, daß eine Einschränkung der Zuständigkeit durch Gemeindebeschluß — und auch durch Ortsgesetz (Ortsstatut) — nicht erfolgen kann.

§ 23.

(1) Die Bezirksämter bestehen aus sieben Mitgliedern, die durch die Bezirksversammlung gewählt werden.

(2) Die Wahl des Vorsitzenden und seines Stellvertreters erfolgt durch die Bezirksversammlung.

(3) Bei der erstmaligen Bestellung der Mitglieder des Bezirksamts werden der Vorsitzende und der Stellvertreter vom Magistrat ernannt.

(4) Die Mitglieder des Bezirksamts werden in der Regel besoldet; die Besoldung wird durch Ortsgesetz geregelt. Insoweit eine Besoldung gewährt wird, erfolgt die Wahl auf zwölf, sonst auf vier Jahre. Schon vor Ablauf der Wahlzeit endet die Amtsdauer der unbesoldeten Mitglieder des Bezirksamts, sobald die Wahlzeit der Stadtverordnetenversammlung abgelaufen oder diese aufgelöst ist. Die Bestimmung des § 10 Abs. 2 findet auf die unbesoldeten Mitglieder des Bezirksamts entsprechende Anwendung.

(5) Der Vorsitzende des Bezirksamts führt die Amtsbezeichnung Bürgermeister, die Mitglieder führen die Amtsbezeichnung Stadtrat.

(6) Die Zahl der Mitglieder des Bezirksamts kann durch Ortsgesetz erhöht werden; in diesem ist auch gegebenenfalls das Verhältnis der Zahl der besoldeten und der unbesoldeten Mitglieder zu regeln.

1. Die Bezirksverwaltung hat bei der Wahl der Mitglieder des Bezirksamts einerseits die Stellung der Stadtverordnetenversammlung, andererseits die Stellung des Magistrats, dessen

Organe die Bezirksämter sind, zu berücksichtigen. Für die Übergangszeit ernennt der Magistrat den Vorsitzenden und dessen Stellvertreter selbst, was der Eigenschaft dieser Personen als Organe des Magistrats entspricht. Der Magistrat ist nicht verpflichtet, den Vorsitzenden und Stellvertreter aus der Zahl der von der Bezirksversammlung gewählten Mitglieder zu ernennen; vergl. Drucksachen Nr. 2172 Sp. 124.

2. Nach Ziffer 4 kann, solange ein Ortsgesetz nicht erlassen ist, Besoldung nicht gewährt werden. Der Erlaß eines derartigen Ortsgesetzes wird sonach eine der ersten Handlungen des neuen Magistrats und der Stadtverordnetenversammlung sein, da die Bezirkstätigkeit nicht vor Einsetzung der Bezirksämter eröffnet werden kann. Nur der Grundsatz der Besoldung ist durch Ortsgesetz zu regeln. Die Höhe der Besoldung kann durch Gemeindebeschluß festgesetzt werden.

3. Die Bezirksversammlung kann schon vor dem Ablauf der Wahlzeit die Neuwahl von Mitgliedern des Bezirksamtes vornehmen.

§ 24.

(1) Die Bezirksämter können nur beschließen, wenn mindestens die Hälfte ihrer Mitglieder zugegen ist.

(2) Die Einberufung zu den Sitzungen erfolgt durch den Vorsitzenden, dem auch die Leitung der Sitzung obliegt.

(3) Die Beschlüsse werden mit Stimmenmehrheit gefaßt. Bei Stimmengleichheit gilt ein Antrag als abgelehnt.

(4) Bei der Beratung und Abstimmung über solche Gegenstände, die das besondere Privatinteresse eines einzelnen Mitgliedes des Bezirksamts oder seiner Angehörigen berühren, darf dieses Mitglied nicht zugegen sein.

(5) Vertreter des Magistrats müssen in der Sitzung des Bezirksamts gehört werden, so oft sie es verlangen.

(6) Auf die Mitglieder des Bezirksamts finden die für die Magistratsmitglieder geltenden Bestimmungen Anwendung, soweit sich nicht aus diesem Gesetz etwas anderes ergibt. Die Disziplinargewalt gegenüber den Bürgermeistern steht dem Oberbürgermeister, gegenüber den anderen Mitgliedern des Bezirksamts und den Beamten des Bezirks dem Bürgermeister des Bezirksamts zu.

1. Die Hälfte der tatsächlich im Amte befindlichen Mitglieder (Absatz 1).

2. Absatz (3) kann zu einem Stillstand der Geschäfte führen.

3. Vertreter des Magistrats nicht jedes Mitglied desselben. Vertreter können auch Nichtmitglieder sein.

4. Wegen der für Magistratsmitglieder geltenden Bestimmungen vergl. § 12, ferner StO. § 31 f., Wölbling, Berliner Stadtrecht, S. 21, derselbe, Rechte der Gemeindebeamten, S. 15, 28, 32 ff.

5. Wegen des Disziplinarrechts siehe StO. §§ 158 f., § 80; dazu Ledermann, Kommentar, S. 331 ff., S. 484 ff., Disziplinargesetz vom 21. Juli 1852, Wölbling, Recht der Gemeindebeamten, S. 116 ff., derselbe, Berliner Stadtrecht, S. 46 ff.

6. Zu Absatz 4. Nur das besondere Privatinteresse kommt in Frage.

7. Die Vertreter des Magistrats brauchen nicht Magistratsmitglieder zu sein. Nicht jedes anwesende Magistratsmitglied braucht mit der Vertretung des Magistrats betraut zu sein, doch bedarf es keines besonderen Reverses dieser Vertretungsbefugnis, etwa durch Vollmacht.

8. Vergl. § 11 StO., §§ 29 ff. StO., Wölbling, Berliner Stadtrecht, S. 21 f., derselbe, Recht der Gemeindebeamten, S. 45 ff. Wegen der Disziplinarbestimmungen vergl. ebenda S. 116 ff. und 186, derselbe, Berliner Stadtrecht, S. 46 f.

§ 25.

(1) Die Bezirksämter sind die Bezirksverwaltungsbehörden. Sie sind ausführende Organe des Magistrats und haben nach den vom Magistrat aufgestellten Grundsätzen die Geschäfte zu führen, die der Magistrat ihnen zuweist. Sie unterstehen der Kontrolle des Magistrats.

(2) Vor der Beschlußfassung über

1. den Haushaltsplan,
2. die Abgrenzung der Verwaltungsbefugnisse zwischen den städtischen Körperschaften und den Bezirksverwaltungen,
3. die Einsprüche gemäß § 27 dieses Gesetzes

hat der Magistrat die Vorsitzenden der Bezirksämter in gemeinsamer Beratung zu hören.

(3) Den Bezirksämtern liegt die Verwaltung der städtischen Einrichtungen und Anstalten ihres Verwaltungsbezirks ob, soweit sie nicht durch den Magistrat unmittelbar verwaltet werden. Den Bezirksämtern steht die Ernennung ihrer sämtlichen Beamten zu, unbeschadet des Rechts des Magistrats zur Versetzung von Beamten im Interesse des Dienstes; die Gründe für solche Versetzungen sind den beteiligten Bezirksämtern mitzuteilen. Den Bezirksämtern kann durch Ortsgesetz die Befugnis, die Stadtgemeinde nach außen zu vertreten, übertragen werden.

(4) Den Bezirksämtern liegt die Vermittlung zwischen den Bezirksversammlungen und den städtischen Körperschaften ob.

1. Nach § 22 Absatz 3 liegt den Bezirksämtern die Ausführung der Beschlüsse der Bezirksversammlung ob. Da die Bezirksversammlungen ihre Rechte nicht vom Magistrat herleiten, so können sie bei der Ausführung dieser Beschlüsse in einen Gegensatz zum Magistrat geraten, und dieser kann seine gegenteilige Ansicht nur

in den in § 27 genannten Fällen durch Beanstandung zur Geltung bringen, also, wenn es das Gemeinschaftsinteresse — nicht das Interesse des Bezirks — erfordert, oder wenn die Bezirksversammlung ihre Befugnisse überschritten oder die Gesetze verletzt hat. Nicht als Organ des Magistrats tritt das Bezirksamt auf, wenn es zwischen der Bezirksversammlung und den städtischen Körperschaften vermittelt (Absatz 4). Im übrigen untersteht es aber der Kontrolle des Magistrats.

Im Falle der Beanstandung von Beschlüssen der Bezirksversammlungen, der Bezirksämter und der Bezirksdeputationen sind die Vorsitzenden aller Bezirksämter — nicht nur der besonders interessierten Bezirksämter — zu hören.

2. Ein Recht der Vorsitzenden, von sich aus zu gemeinsamen Beratungen zusammenzutreten, besteht nicht.

3. Der Magistrat kann jede Einrichtung und Anstalt des Verwaltungsbezirks in seine unmittelbare Verwaltung nehmen; doch würde es nicht der Absicht des Gesetzes entsprechen, wenn der Magistrat auf diese Weise die gesamte Verwaltungstätigkeit der Bezirksämter aufheben würde; vielmehr soll die Verwaltung der Einrichtungen und Anstalten des Bezirks den Bezirksämtern überlassen bleiben, soweit nicht besondere Gründe für die Übernahme der Verwaltung durch den Magistrat sprechen. Wegen des Aufsichtsrechts der Bezirksversammlung vergl. § 22 Absatz 2, § 25 Absatz 4, §§ 27, 28.

4. Bei der Verwaltung, auch der Ernennung von Beamten sind die allgemeinen Anweisungen des Magistrats zu beachten, das folgt aus dem Umstande, daß die Bezirksämter Organe des Magistrats sind, und aus der Tatsache, daß der Magistrat für die Beschlußfassung der Bezirksversammlungen Grundsätze aufstellen kann; vergl. § 22.

5. Das Interesse des Dienstes kann auch darin bestehen, daß für einen aus irgendeinem Grunde zu versetzenden Beamten eine Stelle freigemacht werden und daher ein Austausch stattfinden muß.

6. Die Befugnis zur Vertretung kann auf Angelegenheiten des Bezirks beschränkt werden. Auch wenn die Befugnis allgemein erteilt wird, würde zwar die Stadtgemeinde für jede in Ausübung der Befugnis erfolgende Handlung der Bezirksämter haften, aber gleichwohl kann das Recht, von dieser Befugnis Gebrauch zu machen, nach innen beschränkt werden. Vergl. Wölbling, Berliner Stadtrecht, S. 58, derselbe, Recht der Gemeindebeamten, S. 114 f.; vergl. auch § 13 Absatz 3, § 26 Absatz 1, § 29 Absatz 5.

7. Das Recht der Vermittlung kann durch den Magistrat nicht aufgehoben oder beschränkt werden. Vergl. übrigens §§ 27, 28, § 26 Absatz 2.

8. Bei Streitigkeiten von verschiedenen Verwaltungsbezirken untereinander entsche det der Magistrat auch in diesem Falle; Auch diese Entscheidung kann unter Umständen im schiedsgerichtlichen Verfahren gemäß § 28 angefochten werden.

§ 26.

(1) Durch übereinstimmenden Beschluß der Bezirksversammlung und des Bezirksamts können zur dauernden Verwaltung oder Beaufsichtigung einzelner Geschäftszweige sowie zur Erledigung vorübergehender Aufträge besondere Bezirksdeputationen entweder aus Mitgliedern beider Bezirksbehörden oder aus letzteren und aus stimmfähigen Bürgern gewählt werden. Zu diesen Deputationen, welche in allen Beziehungen dem Bezirksamt untergeordnet sind, werden die Stadtverordneten, Bezirksverordneten und stimmfähigen Bürger von der Bezirksversammlung gewählt, die Bezirksamtsmitglieder von dem Bezirksbürgermeister ernannt, der auch aus den letzteren den Vorsitzenden zu bezeichnen hat; durch Ortsgesetz kann den Bezirksdeputationen das Recht, die Stadtgemeinde nach außen zu vertreten, übertragen werden..

(2) Den Bezirksämtern liegt die Vermittlung zwischen den Bezirksdeputationen und den städtischen Körperschaften ob.

1. Vergl. § 13, § 59 StO. Auch dem Magistrat sind die Bezirksdeputationen untergeordnet und an seine Verwaltungsgrundsätze gebunden.

2. Im Falle der Ergebnislosigkeit der Vermittlung zwischen den Bezirksdeputationen und den städtischen Körperschaften, das soll heißen Magistrat und Stadtverordnete, entscheidet das Schiedsgericht gemäß § 28.

Die Zusammensetzung aus Mitgliedern der Stadtverordneten- und der Bezirksversammlung, welche wiederum den Vorsitzenden wählen, legt die Entscheidung tatsächlich in die Hände der Mehrheit der beiden Versammlungen, die bei der Art der Zusammensetzung dieser beiden Versammlungen oft aus denselben Parteien bestehen wird. Durch Aufstellung der Grundsätze für die Verwaltung und durch seinen Einfluß auf die Bezirksämter ist der Magistrat in der Lage, die Grenzen der Wirksamkeit auch der Bezirksdeputationen wesentlich zu beeinflussen.

3. Die Bezirksdeputationen führen ihre Beschlüsse selbst aus.

§ 27.

Dem Magistrat bleibt es vorbehalten, in allen Fällen die Ausführung von Beschlüssen der Bezirksversammlungen, der Bezirksämter und der Bezirksdeputationen zu verhindern, wenn es das Gemeinschaftsinteresse dringend erheischt, oder wenn die Beschlüsse der Bezirksbehörden ihre Befugnisse überschreiten oder die Gesetze verletzen. In dem Beschluß, durch den der Magistrat die Ausführung von Beschlüssen der Bezirksversammlung verhindert, sind die Gründe der Beanstandung anzuführen.

1. Durch die Verhinderung der Ausführung von Beschlüssen werden diese Beschlüsse nicht aufgehoben, so daß, wenn die Ver-

hinderung wegfällt, die Ausführung der Beschlüsse ohne Wiederholung des Beschlusses zu erfolgen hat. Die Verhinderung braucht nicht nur in der Beanstandung zu bestehen, sondern sie kann mit jedem dem Magistrat gesetzlich zustehenden Mittel durchgeführt werden.

2. Im Falle der Beanstandung von Beschlüssen der Bezirksversammlungen und Bezirksdeputationen ist die Möglichkeit der Vermittlung durch die Bezirksämter gegeben, außerdem das Mittel des schiedsrichterlichen Verfahrens gemäß § 28. Bei Beanstandung von Beschlüssen der Bezirksämter tritt eine Vermittlung nicht ein.

3. Unter Gemeinschaftsinteresse ist das Interesse der ganzen Stadtgemeinde zu verstehen, das kann aber auch vorliegen, wenn nur die Interessen anderer Bezirke durch den beanstandeten Beschluß verletzt werden.

4. Die Beanstandungen des Magistrats können wiederum durch dessen Oberbürgermeister, gegebenenfalls auf Anweisung der Aufsichtsbehörde, beanstandet und damit — vorbehaltlich der Klage im Verwaltungsstreitverfahren — gegenstandslos gemacht werden, §§ 15, 21 des Zuständigkeitsgesetzes vom 1. August 1883, Ledermann, StO., S. 327, 470; Wölbling, Stadtrecht, S. 39, 63, 64.

5. Eine Überschreitung der Befugnisse liegt auch vor, wenn der Rahmen der von den städtischen Körperschaften aufgestellten Grundsätze nicht innegehalten wird (§ 22).

6. Die Nichtanführung der Gründe macht die Beanstandung nicht unwirksam. Es ist nur die Möglichkeit der Beschwerde gegeben, um die nachträgliche Begründung zu erwirken.

§ 28.

(1) **Findet in dem Falle des § 27 eine Einigung nicht statt, so kann jede beteiligte Körperschaft binnen zwei Wochen vom Tage der Bekanntgabe der Beanstandung eine Schiedsstelle anrufen, die endgültig beschließt.**

(2) Die Schiedsstelle setzt sich zusammen aus zwei von der Stadtverordnetenversammlung und zwei von den Bezirksversammlungen gewählten Mitgliedern, zu denen ein von ihnen gewählter Obmann als Vorsitzender tritt. Wird keine Einigung über den Obmann erreicht, so wird er von dem Oberpräsidenten ernannt.

(3) Im übrigen wird die Zusammensetzung und das Verfahren vor der Schiedsstelle durch Gemeindebeschluß geregelt mit der Maßgabe, daß grundsätzlich der in einem Beanstandungsfalle beteiligte Bezirk bei der Entscheidung über diesen Fall in der Schiedsstelle vertreten sein muß.

1. Das Schiedsverfahren findet nur im Falle der vergeblichen Vermittlung des Bezirksamts zwischen den Bezirksdeputationen und den städtischen Körperschaften statt. § 15 des Zuständigkeitsgesetzes kommt gegenüber der Beanstandung des Magistrats gemäß § 27 nicht in Frage Drucksache Nr. 2172 Sp. 60—62, 126.

2. Die Zusammensetzung kann durch Gemeindebeschluß auch abweichend von Absatz 2 geregelt werden.

3. Die zweiwöchige Frist in Absatz 1 rechnet vom Tage der Bekanntgabe der Beanstandung.

4. Aus der Entstehung des § 28 ergibt sich, daß es im Absatz 1 nicht heißen muß § 26, sondern § 27. Es liegt lediglich ein Redaktionsfehler vor.

§ 29.

(1) Durch übereinstimmenden Beschluß der Bezirksversammlung und des Bezirksamts kann mit Genehmigung des Magistrats ein Verwaltungsbezirk in Ortsbezirke (§ 60 der Städteordnung) eingeteilt werden.

(2) Jedem Ortsbezirk wird ein Ortsbezirksvorsteher und ein Stellvertreter vorgesetzt, die von der Bezirksversammlung, soweit sie besoldet sind, auf zwölf Jahre,

sonst auf vier Jahre gewählt und von dem Bezirksamt bestätigt werden. Durch übereinstimmenden Beschluß der Bezirksversammlung und des Bezirksamts kann bestimmt werden, daß die Ortsbezirksvorsteher in Ortsbezirken von größerer Bedeutung die Amtsbezeichnung Bürgermeister erhalten.

(3) Die Ortsbezirksvorsteher unterliegen der Aufsicht des Bezirksamts und sind verpflichtet, seinen Anordnungen Folge zu leisten, es namentlich in den örtlichen Geschäften des Ortsbezirks zu unterstützen.

(4) Den Ortsbezirksvorstehern können durch übereinstimmenden Beschluß der Bezirksversammlung und des Bezirksamts mit Genehmigung des Magistrats Beiräte aus den stimmfähigen Bürgern des Ortsbezirks beigegeben werden; in dem Beschlusse sind auch Bestimmungen über die Zusammensetzung und die Befugnisse der Beiräte zu treffen. Wo Beiräte bereits bestellt sind, steht ihnen ein Vorschlagsrecht für die Bestellung des Ortsbezirksvorstehers zu. Die Beiräte werden von den stimmfähigen Bürgern des Ortsbezirks nach den Grundsätzen der Verhältniswahl gewählt.

(5) Auf übereinstimmenden Antrag der Bezirksversammlung und des Bezirksamts eines Verwaltungsbezirks können durch Ortsgesetz dem Ortsbezirksvorsteher besondere Befugnisse, insbesondere die Befugnis, die Stadtgemeinde nach außen zu vertreten, übertragen werden.

1. Der § 29 baut die Einrichtung der Bezirksvorsteher in § 60 StO. weiter aus, dergestalt, daß die Ortsbezirksvorsteher an Stelle der in Berlin nun nicht mehr zulässigen Bezirksvorsteher gemäß § 60 StO. treten. Eine Anhörung der Stadtverordneten bei der Einteilung der Bezirke in Ortsbezirke ist nicht erforderlich.

Die Grenzen der Ortsbezirke brauchen sich nicht mit denen der früheren Gemeinde- und Gutsbezirke zu decken, doch wird es sich mit Rücksicht auf die eingelebten Verhältnisse empfehlen, nicht ohne erhebliche Gründe der Zweckmäßigkeit von den bisherigen Ortsgrenzen abzuweichen.

„Es kann und soll den Bürgern des gewaltigen Gebiets nicht zugemutet werden, wegen jeder Angelegenheit das zuständige Bezirksamt oder gar das Rathaus Berlin aufzusuchen, es muß ihnen vielmehr Gelegenheit gegeben werden, Wünsche, Anträge und Beschwerden bei Organen, die leicht zu erreichen und gleichzeitig mit den örtlichen Verhältnissen ihres Bezirkes vertraut sind, anzubringen. Die Stellung der Ortsbezirksvorsteher wird eine ungleich umfassendere und noch verantwortungsvollere werden, als die Stellung der Bezirksvorsteher bisher schon ist. Die Ortsbezirksvorsteher sind dazu berufen, als die Vertrauenspersonen ihres Bezirks ein Bindeglied zwischen der Bürgerschaft und der Verwaltung herzustellen und in ihrem Bezirk das allgemeine Beste zu fördern." Begründung (Drucksache Nr. 1286) Sp. 56, 57.

2. Nach § 29 hängt zwar die Einteilung in Ortsbezirke von dem Ermessen der Bezirksversammlung und des Bezirksamts und der Genehmigung des Magistrats ab, doch ist es nach § 58 Ziffer 7 die Absicht des Gesetzgebers, die bestehenden Bezirke gemäß § 60 StO. weiter bestehen zu lassen und sie gemäß § 29 zu Ortsbezirken auszubauen. Nach allgemeinen Grundsätzen erfolgt die Abänderung und Aufhebung eines Beschlusses in derselben Weise wie die Beschlußfassung. Mit Genehmigung des Magistrats können daher die bestehenden Ortsbezirke durch übereinstimmenden Beschluß des Bezirksamts und der Bezirksversammlung abgeändert oder aufgehoben werden. Das gilt von Bezirken gemäß § 60 StO. wie von Ortsbezirken gemäß § 29. Um den Ausbau der Verwaltungs der Ortsbezirksvorsteher zu ermöglichen, wird es im allgemeinen nötig sein, die bestehenden Bezirke gemäß § 60 StO. zu vergrößern. Bezirksvorsteher gemäß § 60 StO. sind für Berlin nicht mehr zulässig, doch gilt die Bestimmung des § 60 Absatz 3 StO. auch für die Ortsbezirksvorsteher. Danach

sind auch die Ortsbezirksvorsteher Organe des Magistrats und haben ihn in den örtlichen Geschäften des Bezirks zu unterstützen, da ja auch nach dem neuen Gesetz für den Magistrat unmittelbare örtliche Geschäfte bestehen bleiben. Zu berücksichtigen wird aber sein, daß die Ortsbezirksvorsteher in erster Linie Organe des Bezirksamts sein sollen (siehe Absatz 3).

3. Die alten Bezirksvorsteher gemäß § 60 StO. erhalten nicht ohne weiteres die Funktionen der Ortsbezirksvorsteher.

4. Das Bezirksamt kann eine allgemeine Dienstanweisung für die Ortsbezirksvorsteher erlassen. Die gemäß § 22 von den städtischen Körperschaften aufzustellenden Grundsätze können sich auch auf die Errichtung von Ortsbezirken und ihre Verwaltung beziehen.

5. Die Ernennung von Ortsbezirksvorstehern darf gemäß § 58 StO. Ziffer 7 erst stattfinden, nachdem die beiden Körperschaften des Bezirks Beschluß über die Bestellung von Beiräten gefaßt haben und gegebenenfalls die Wahl dieser Beiräte erfolgt ist. Aus dieser Bestimmung folgt übrigens nicht, daß die Zuordnung von Beiräten obligatorisch ist, sondern nur, daß zunächst eine Beschlußfassung stattfinden muß, ob Beiräte einzusetzen sind oder nicht.

6. Um eine gewisse Gleichmäßigkeit bei der Einrichtung der Ortsbezirksverwaltungen zu wahren, werden die von den Gemeindekörperschaften gemäß § 22 aufzustellenden Grundsätze auch die Befugnisse und die Zusammensetzung der Beiräte umfassen müssen. Die Befugnisse der Beiräte werden je nach den örtlichen Verhältnissen verschieden sein müssen. In Ortsbezirken, die vermöge der Eigenart ihrer Bevölkerung oder infolge ihrer Absonderung durch ländliche Gebiete von den benachbarten Wohnstätten ein selbständiges Eigenleben entwickelt haben, wird es notwendig sein, den Beiräten weitergehende Befugnisse gegenüber dem Ortsbezirksvorsteher zuzuweisen.

7. Wegen der Befugnis, die Stadtgemeinde nach außen zu vertreten, vergl. § 13 Anm. 3.

§ 30.

Durch Ortsgesetz kann bestimmt werden, daß den ehrenamtlich tätigen Bürgern Ersatz für bare Auslagen und gegebenenfalls für entgangenen Arbeitsverdienst gewährt wird.

1. Eine über § 30 hinausgehende Entschädigung oder Vergütung ist unzulässig, also insbesondere allgemeine über den Ersatz barer Auslagen und entgangenen Arbeitsverdienstes hinausgehende Aufwandsentschädigungen. Eine Einbuße an Arbeitsverdienst muß tatsächlich eintreten, sonst darf der dafür bestimmte Ersatz von den Ehrenbeamten nicht angenommen werden. Unerheblich ist es, ob der Arbeitsverdienst auf Grund einer rechtlichen Bestimmung gekürzt wurde, oder ob der Arbeiter im voraus seinem Recht entsagt hat.

2. Über die Rechtsstellung der Ehrenbeamten siehe Wölbling, Recht der Gemeindebeamten usw., S. 170—188, derselbe, Berliner Stadtrecht, S. 48 f.

§ 31.

Ehrenamtlich tätige Bürger einschließlich der Mitglieder der Verwaltungsdeputationen können durch Gemeindebeschluß oder in den Fällen der §§ 26 und 29 durch übereinstimmenden Beschluß der Bezirksversammlung und des Bezirksamts vor Ablauf ihrer Wahlzeit von ihren Ämtern entbunden werden. Auf das Ehrenamt als Stadtverordneter und unbesoldetes Magistrats- und Bezirksamtsmitglied findet die Bestimmung keine Anwendung.

1. Die Entbindung vom Ehrenamt kann mit oder ohne Antrag des Ehrenbeamten erfolgen.

2. Die Zustimmung des Beirats des Ortsbezirksvorstehers genügt nicht, um einen Ehrenbeamten von seinem Amt zu entbinden, doch können die Beiräte in solchen Fällen gehört werden oder, sofern sich nicht aus den Bestimmungen über die Befugnisse

der Beiräte (§ 29) etwas Gegenteiliges ergibt, Anträge auf Enthebung der Ehrenbeamten ihres Ortsbezirks stellen.

§ 32.

(1) Die Bestimmungen der §§ 7, 8, 12 bis 28 Abs. 1, 30, 31 und 75 Abs. 2 der Städteordnung finden auf die neue Stadtgemeinde Berlin keine Anwendung.

(2) Die übrigen Bestimmungen der Städteordnung und der sonst auf Stadtgemeinden bezüglichen Gesetze finden Anwendung auf die neue Stadtgemeinde Berlin, soweit nicht in diesem Gesetz Abweichungen vorgesehen sind.

1. § 7 betrifft den Verlust des Bürgerrechts infolge Aberkennung der bürgerlichen Ehrenrechte.

2. § 8 betrifft das besondere Wahlrecht der drei höchstbesteuerten Einwohner oder juristischen Personen.

3. §§ 12—28 betreffen die Zusammensetzung und Wahl der Stadtverordnetenversammlung.

4. § 30 betrifft die Zusammensetzung des Magistrats.

5. § 31 betrifft die Gründe, welche von der Mitgliedschaft des Magistrats und vom Bürgermeisterposten ausschließen.

6. § 75 Absatz 2 betrifft die Entbindung der unbesoldeten Mitglieder der Verwaltungsdeputationen von ihrem Amt.

§ 33.

(1) Der neue Stadtkreis Berlin bildet den neuen Ortspolizeibezirk Berlin. Ortspolizeibehörde ist der Polizeipräsident von Berlin. Mit dem Inkrafttreten dieses Gesetzes verliert das Gesetz vom 12. Juni 1889 (Gesetzsamml. S. 129) auch für alle diejenigen Gebietsteile des neuen Stadtkreises Berlin, für welche es bisher noch wirksam war, seine Geltung; die Bestimmungen des Gesetzes vom 12. Juni 1889 finden in derselben Weise wie für die Kreise Teltow und Nieder-

barnim oder Teile dieser Kreise auch auf den Kreis Osthavelland oder Teile dieses Kreises Anwendung.

(2) Die Gesetze vom 13. Juni 1900 (Gesetzsamml. S. 247), 27. März 1907 (Gesetzsamml. S. 37), 7. März 1908 (Gesetzsamml. S. 21) und 23. Juni 1909 (Gesetzsamml. S. 533) werden aufgehoben.

1. Nach dem Gesetz vom 12. Juni 1889 können dem Polizeipräsidenten von Berlin sicherheitspolizeiliche Befugnisse in den Kreisen Teltow und Niederbarnim — nunmehr auch Osthavelland — übertragen werden, und zwar durch den Minister des Innern mit Zustimmung des Provinzialrats der Provinz Brandenburg.

2. Durch die Gesetze vom 13. Juni 1900, 7. März 1908 und 23. Juni 1909 war aus den Stadtkreisen Berlin, Charlottenburg, Schöneberg, Rixdorf, Wilmersdorf und Lichtenberg und den Landgemeinden Boxhagen, Rummelsburg und Stralau ein Landespolizeibezirk gebildet worden, wofür jetzt kein Bedürfnis mehr besteht, da diese Gemeinden jetzt zu der neuen Gemeinde Berlin zusammengeschlossen sind.

3. Wegen der Organisation der Polizeiverwaltung in Berlin siehe Wölbling, Berliner Stadtrecht 6, 31, 36, 43, 45, 63, 66 ff., 72, 75, 148, 177 ff., 183, 202, 235 ff.

§ 34.

Der Bezirk des Landarmenverbandes des Stadtkreises Berlin erweitert sich entsprechend der Begrenzung des neuen Stadtkreises Berlin. Der Bezirk des Landarmenverbandes der Provinz Brandenburg wird auf den Umfang dieser Provinz beschränkt.

1. Wegen der Organisation der Armenpflege in Berlin vergl. Wölbling, Berliner Stadtrecht, S. 189 ff. und S. 42, ferner Berliner Gemeinderecht, II. Aufl., Band 13.

2. Wegen der Landarmenverbände siehe R.G. über den Unterstützungswohnsitz vom 30. Mai 1908 §§ 5, 33.

§ 35.

Der § 368 Abs. 3 des Wassergesetzes vom 7. April 1913 (Gesetzsamml. S. 53) wird dahin abgeändert, daß bei der Wahl des Wasserbeirats für die Provinz Brandenburg und die neue Stadtgemeinde Berlin die Hälfte der sonst von dem Provinziallandtage zu wählenden Mitglieder von dem Magistrat und der Stadtverordnetenversammlung der neuen Stadtgemeinde Berlin gewählt werden.

§ 36.

Das Geschäftsgebiet der Städtefeuersozietät der Provinz Brandenburg sowie das Geschäftsgebiet der Landfeuersozietät der Provinz Brandenburg erfahren durch dieses Gesetz keine Einschränkung unbeschadet der Ausdehnung des Geschäftsgebietes der städtischen Feuersozietät von Berlin auf das gesamte Gebiet der neuen Stadtgemeinde Berlin. Der Versicherungszwang der städtischen Feuersozietät von Berlin erstreckt sich nicht auf die neu hinzutretenden Gebietsteile.

Vergl. Wölbling, Berliner Stadtrecht, S. 188, 208.

§ 37.

Das Geschäftsgebiet der Stadtschaft der Provinz Brandenburg erfährt durch dieses Gesetz keine Einschränkung unbeschadet der Befugnis des Berliner Pfandbriefinstituts, seinen Geschäftsbereich auf das gesamte Gebiet der neuen Stadtgemeinde Berlin auszudehnen.

Wegen der Bildung von Stadtschaften vergl. Wölbling, Das preußische Wohnungsgesetz, Ergänzungsband, Verlag J. Heß, Stuttgart, S. 145.

§ 38.

§ 26 des Zweckverbandsgesetzes vom 19. Juli 1911 (Gesetzsamml. S. 115) wird insoweit abgeändert, daß an Stelle der Beschlußbehörde für Groß-Berlin der Oberpräsident tritt.

§ 39.

Bis zum Erlaß neuer Bestimmungen gelten für den Bezirksausschuß der neuen Stadtgemeinde Berlin folgende Vorschriften:

1. (1) Der § 43 des Landesverwaltungsgesetzes vom 30. Juli 1883 (Gesetzsamml. S. 195) findet mit folgenden Maßgaben Anwendung:

(2) Der Bezirksausschuß besteht aus zwei oder mehreren Abteilungen, auf welche die Dienstgeschäfte nach sachlichen Merkmalen verteilt werden.

(3) Der Präsident und die ernannten Mitglieder gehören allen Abteilungen an, sofern nicht für jede Abteilung besondere Mitglieder ernannt werden.

(4) Für jede der Abteilungen werden je vier Mitglieder und Stellvertreter durch den Magistrat und die Stadtverordnetenversammlung unter dem Vorsitz des Oberbürgermeisters nach den Grundsätzen der Verhältniswahl jedesmal auf sechs Jahre gewählt. Die Wahl der Mitglieder und der Stellvertreter hat auf Grund getrennter Wahlvorschläge zu erfolgen.

(5) Die Wahlzeit der bisherigen gewählten Mitglieder (Stellvertreter) endet mit Ablauf des Monats, in dem die Neuwahl stattfindet.

2. Die Bestimmungen der §§ 12 und 13 des Landesverwaltungsgesetzes vom 30. Juli 1883 (Gesetzsamml. S. 195) finden auf den Bezirksausschuß der neuen Stadtgemeinde Berlin keine Anwendung.

3. Die näheren Anordnungen über die Zahl der Abteilungen und die Verteilung der Dienstgeschäfte auf diese, ferner über den Zeitpunkt des Amtsbeginns der neugewählten Mitglieder (Stellvertreter) sowie über die Durchführung der Verhältniswahl erläßt der Minister des Innern.

1. Vergl. Wölbling, Berliner Stadtrecht, S. 234.

2. §§ 12 und 13 des Landesverwaltungsgesetzes betreffen das Ausscheiden und die Wahlperiode der Mitglieder des Bezirksausschusses.

§ 40.

(1) Der § 37 des Landesverwaltungsgesetzes vom 30. Juli 1883 (Gesetzsamml. S. 195) findet für den neuen Stadtkreis Berlin mit folgenden Maßgaben Anwendung:

(2) Bei dem Stadtausschuß des neuen Stadtkreises Berlin können durch Ortsgesetz je nach dem Bedürfnis Abteilungen für einzelne Teile des Stadtkreises und für einzelne Geschäftszweige gebildet werden; dabei werden die Geschäfte des Stadtausschusses von Mitgliedern der Bezirksämter wahrgenommen. Die für den Stadtausschuß gegebenen Vorschriften gelten sinngemäß für jede Abteilung des Stadtausschusses. Die Wahl der Mitglieder der einzelnen Abteilungen des Stadtausschusses erfolgt durch den Magistrat.

Vergl. Wölbling, Berliner Stadtrecht, S. 233.

§ 41.

Bis zum Erlaß eines Gesetzes über die Neuordnung des Gerichtswesens der neuen Stadtgemeinde Berlin behalten die dazu gehörigen Gerichte ihre bisherigen Bezirke.

Wegen der Gerichtsorganisation der alten Stadtgemeinde Berlin vergl. Wölbling, Berliner Stadtrecht, S. 240.

§ 42.

(1) Die neue Stadtgemeinde Berlin bildet einen eigenen Schulverband im Sinne des Volksschulunterhaltungsgesetzes vom 28. Juli 1906 (Gesetzsamml. S. 335).

(2) Über die Angelegenheiten des Volks-, mittleren und höheren Schulwesens beschließen, soweit sie nach den gesetzlichen Bestimmungen von den Gemeindebehörden zu verwalten sind, die Behörden der Bezirke im Rahmen der von den städtischen Körperschaften aufgestellten Grundsätze.

(3) Über die Angelegenheiten des Fach- und Fortbildungsschulwesens beschließen die städtischen Körperschaften vorbehaltlich der von ihnen zu regelnden Beteiligung der Bezirksbehörden.

1. Nach dem Gesetz vom 28. Juli 1906 sind den Gemeindebehörden überwiesen die äußeren Angelegenheiten der Volksschulen, die Feststellung des Etats, die Bewilligung der für die Schulen erforderlichen Mittel, die Verwaltung des Schulvermögens, die vermögensrechtliche Vertretung nach außen und die Anstellung der Beamten mit Ausnahme der Lehrer. Diese Angelegenheiten können von der Gemeinde der Schuldeputation überwiesen werden. Die Schuldeputation hat auch bei der Anstellung der Lehrer mitzuwirken, auch übt sie die den Gemeinden nach dem Gesetze vom 11. März 1872 vorbehaltene — gesetzlich nicht näher bezeichnete — Teilnahme an der Schulaufsicht aus. Vergl. Wölbling, Berliner Stadtrecht, S. 23, 64, 68, 84 ff., Berliner Gemeinderecht, II. Aufl., Band 3.

2. Wegen der Fach- und Fortbildungsschulen siehe Wölbling, Berliner Stadtrecht, S. 84 f., 97 ff.; ferner Matthias, Die städtische Selbstverwaltung in Preußen, Berlin 1911.

3. Über alle von den Gemeinden zu verwaltenden Angelegenheiten der höheren, mittleren und Volksschulen beschließen nach dem Gesetz die Bezirksverwaltungen, und zwar die von ihnen zu bildenden Bezirksschuldeputationen über die mittleren und Volksschulen, die Bezirksschulausschüsse über die höheren Schulen, soweit nicht schon Kuratorien vorhanden sind, welche weiter bestehen bleiben. Es ist natürlich auch zulässig, durch Vereinbarung mit den Berechtigten die Kuratorien in Bezirksschulausschüsse umzuwandeln. Die von den städtischen Körperschaften, Magistrat und Stadtverordneten aufzustellenden Grundsätze dürfen diejenigen Angelegenheiten umfassen, welche nach dem Gesetz von der Gemeinde zu verwalten sind.

4. Als Schulverband liegt der Statdgemeinde Berlin die Errichtung und Unterhaltung aller öffentlichen Volksschulen im Stadtbezirk ob; §§ 1 und 2 des Gesetzes vom 28. Juli 1906.

§ 43.

(1) In jedem Verwaltungsbezirk werden für die höheren Lehranstalten ein Bezirksschulausschuß (§ 26), für die mittleren und Volksschulen eine Bezirksschuldeputation gebildet. Insoweit jedoch bei Inkrafttreten dieses Gesetzes Kuratorien für die höheren Lehranstalten vorhanden sind, bleiben sie mit ihren bisherigen Befugnissen bestehen.

(2) Die Bezirksschuldeputationen handeln in Angelegenheiten der staatlichen Zuständigkeit als Organe der Schulaufsichtsbehörde und sind verpflichtet, insoweit deren Anordnungen Folge zu leisten. Für die Bezirksschuldeputationen sind, soweit sich nicht aus diesem Gesetz ein anderes ergibt, die allgemein für städtische Schuldeputationen erlassenen Vorschriften maßgebend.

1. Der Bezirksschulausschuß hat die Stellung einer Bezirksdeputation im Sinne von § 26 des Gesetzes; vergl. auch § 42 Anm. 3.

2. Auf die Angelegenheiten der staatlichen Zuständigkeit der Bezirksschuldeputationen dürfen sich die allgemeinen Grundsätze der Gemeindebehörden gemäß § 22 nicht erstrecken. Die allgemeinen Interessen der Stadtgemeinde werden nur durch die in § 45 Absatz 3 vorgeschriebene Anhörung des Magistrats gewahrt.

3. Für die alte Stadt Berlin bleibt gemäß § 58 Ziffer 13 eine einheitliche Schuldeputation und ein einheitlicher Schulausschuß bestehen.

§ 44.

(1) Auf die Zusammensetzung der Bezirksschuldeputationen finden die für städtische Schuldeputationen geltenden gesetzlichen Vorschriften mit der Maßgabe Anwendung, daß an die Stelle des Bürgermeisters der Vorsitzende des Bezirksamts, an die Stelle des Gemeindevorstandes das Bezirksamt und an die Stelle der Stadtverordnetenversammlung die Bezirksversammlung tritt, ferner daß die Wahlen auf die Dauer von vier Jahren erfolgen und die Gewählten berechtigt sind, ihr Amt nach zwei Jahren niederzulegen.

(2) Die Bildung von Schulkommissionen nach § 45 des Volksschulunterhaltungsgesetzes erfolgt mit der Maßgabe des vorstehenden Absatzes.

1. Die Bildung der Schuldeputationen ergibt sich aus §§ 43, 44 des Gesetzes vom 28. Juli 1906. Danach ist die Schuldeputation Organ des Bezirksamts und als solches verpflichtet, seinen Anordnungen Folge zu leisten.

2. Die Bildung der Bezirksschulkommissionen für eine oder mehrere Schulen erfolgt durch Beschluß der Bezirksversammlung mit Zustimmung des Bezirksamts.

3. Die Ortsbezirksverwaltungen gemäß § 29 kommen für die Schulverwaltung als solche nicht in Betracht, doch können die Ortsbezirke mit dem Bezirk einer Schulkommission zusammenfallen, auch können der Ortsbezirksvorsteher und die ihm beigegebenen Beiräte zugleich der Schulkommission angehören.

§ 45.

(1) Staatliche Aufsichtsbehörde für sämtliche öffentlichen und privaten Schulen der neuen Stadtgemeinde Berlin ist das Provinzialschulkollegium in Berlin.

(2) Für das Fach- und Fortbildungsschulwesen ist beim Provinzialschulkollegium eine besondere Abteilung zu bilden, die dem Minister für Handel und Gewerbe untersteht.

(3) Das Provinzialschulkollegium hat vor der Entscheidung über Anträge und Anregungen der Bezirksschulausschüsse und Bezirksschuldeputationen in allen Fragen, die in ihrer Bedeutung über die Interessen eines einzelnen Verwaltungsbezirkes hinausgehen, den Magistrat zu hören.

Vergl. § 43 Anm. 3.

§ 46.

(1) Die Wahlen der Lehrer und Lehrerinnen einschließlich der Direktoren und Rektoren werden vorbereitet

a) für die Fach- und Fortbildungsschulen durch den Magistrat, gegebenenfalls nach Anhörung der für sie zuständigen Kuratorien und Fachausschüsse,

b) für die höheren Schulen durch den Bezirksschulausschuß,

c) für die Volks- und mittleren Schulen durch die Bezirksschuldeputation.

(2) Die Wahlen selbst erfolgen vorbehaltlich der Rechte der Schulaufsichtsbehörde

a) für die Fach- und Fortbildungsschulen durch den Magistrat,

b) für die höheren Schulen und für die Volks- und mittleren Schulen durch das betreffende Bezirksamt.

(3) Der Magistrat ist berechtigt, nach Anhörung der beteiligten Bezirksämter Lehrer und Lehrerinnen einschließlich der Schulleiter im Interesse des Dienstes in einem anderen Bezirke zu verwenden. Die Gründe für solche anderweite Verwendung sind den beteiligten Bezirksämtern mitzuteilen. Diese Maßnahme gilt nicht als eine Versetzung im Sinne des § 31 des Lehrerbesoldungsgesetzes vom 26. Mai 1909 (Gesetzsamml. S. 85) und des § 87 Nr. 1 des Disziplinargesetzes vom 21. Juni 1852 (Gesetzsamml. S. 465).

1. Vergl. Wölbling, Recht der Gemeindebeamten usw., S. 158 ff.; derselbe, Berliner Stadtrecht, S. 95 ff.

§ 47.

(1) Das Vermögen der innerhalb der neuen Stadtgemeinde Berlin belegenen bisherigen Schulverbände und Gesamtschulverbände geht als Ganzes mit allen Rechten und Pflichten auf den neuen Schulverband Berlin über.

(2) Gesamtschulverbände, die nur mit einem Teil ihres bisherigen Schulbezirkes innerhalb des Stadtbezirkes der neuen Stadtgemeinde Berlin belegen sind, werden aufgelöst. Darüber, ob die Restbezirke eigene Schulverbände bilden oder mit anderen Schulverbänden zu neuen Gesamtschulverbänden vereinigt werden, sowie über die vermögensrechtliche Auseinandersetzung zwischen den beteiligten Schulverbänden bezw. Gesamtschulverbänden beschließt nach Maßgabe der §§ 3 und 4 des Volksschulunterhaltungsgesetzes die Regierung in Potsdam als Schulaufsichtsbehörde auch da, wo der neue Schulverband Berlin beteiligt ist.

(3) Soweit einzelne Schulen eigene Rechtspersönlichkeit besitzen, bleiben die ihnen hieraus zustehenden Rechte unberührt.

1. Die Bezirksverwaltungen sind nicht Rechtsnachfolger der früheren Schulverbände.

2. Nur für die Auseinandersetzung kommt die Regierung in Potsdam in Frage, nicht als Schulaufsichtsbehörde für die Schulen der künftigen Gemeinde Berlin, auch nicht soweit sie eigene Rechtspersönlichkeit besitzen; vergl. § 48 Absatz 1, § 25 des Gesetzes vom 28. Juli 1906:

Über das auf den Schulverband übergegangene Vermögen ist ein genaues Verzeichnis (Matrikel) aufzustellen. Das Vermögen bleibt den allgemeinen oder stiftungsmäßig besonderen Zwecken derjenigen öffentlichen Volksschule erhalten, für welche es bestimmt war. Auf Verfügungen über dieses Vermögen finden diejenigen Vorschriften, welche für das Schulvermögen überhaupt gelten, mit der Maßgabe Anwendung, daß vor der Erteilung der Genehmigung zur einer Veräußerung oder Verwendung für andere Zwecke die Schuldeputation (§§ 43, 47 Absatz 10, § 57), die Schulkommission (§§ 45, 48, 55) oder der Schulvorstand (§ 47) anzuhören sind.

§ 26: Zum Nachweis der Rechtsnachfolge (§ 24) genügt Dritten gegenüber eine Bescheinigung der Schulaufsichtsbehörde; auf Antrag ist jedem, der ein rechtliches Interesse nachweist, eine solche Bescheinigung zu erteilen.

Ist für die aufgehobene Schulgemeinde (Schule) das Eigentum oder ein anderes Recht an einem Grundstück im Grundbuch eingetragen, so kann die Schulaufsichtsbehörde das Grundbuchamt ersuchen, den Schulverband als Eigentümer oder Berechtigten einzutragen.

3. Selbständige Schulstiftungen bleiben gemäß § 28 des Gesetzes vom 28. Juli 1906 bestehen.

§ 48.

(1) Das für Zwecke des öffentlichen Schulwesens gewidmete Vermögen der bisherigen Schulverbände und Gesamtschulverbände bleibt seinen bisherigen Zwecken erhalten, sofern nicht die zuständige Bezirksschuldeputation mit Genehmigung der Schulaufsichtsbehörde einer anderweiten Verwendung zustimmt. Die Vorschriften der §§ 25 und 26 des Volksschulunterhaltungsgesetzes finden sinngemäß Anwendung.

(2) Rechte und Pflichten der Kirchengemeinden und sonstiger Dritter (§§ 27 bis 32 des Volksschulunterhaltungsgesetzes) bleiben bestehen.

(3) Soweit bisher gemäß § 14 des Volksschulunterhaltungsgesetzes Beträge für Kosten von Volksschulbauten angesammelt sind, ist der neue Schulverband Berlin mit Zustimmung der zuständigen Bezirksschuldeputation zu ihrer freien Verwendung auch für andere als Bauzwecke berechtigt. Jedoch soll die Verwendung tunlichst für Zwecke erfolgen, die denen, für die sie angesammelt sind, ähnlich sind.

§ 49.

(1) Die in dem neuen Schulverband Berlin aufgegangenen Schulverbände und Gesamtschulverbände scheiden aus der Alterszulagenkasse, Ruhegehaltskasse und Witwen- und Waisenkasse für Volksschullehrer des Regierungsbezirks Potsdam aus.

(2) Hinsichtlich der Elementarlehrer-Witwen- und Waisenkasse in Potsdam verbleibt es bei den bestehenden Bestimmungen. In ihrem Geschäftsbereich bildet die Regierung in Potsdam auch ferner die Verrechnungs- und Zahlstelle für die an die neue Stadtgemeinde Berlin fallenden Städte und Ortschaften.

(3) Der neue Schulverband Berlin übernimmt die Zahlung der Alterszulagen an die in ihm angestellten Lehrkräfte, ferner für alle diejenigen ehemaligen Lehrkräfte, die zuletzt in einer nunmehr zum neuen Schulverband Berlin gehörigen Schulstelle endgültig angestellt waren, die Zahlung der Ruhegehälter mit Ausnahme des gesetzlichen Staatsbeitrages zu jedem Ruhegehalt sowie die Zahlung der Hinterbliebenenbezüge mit Ausnahme der von der Elementarlehrer-Witwen- und Waisenkasse in Potsdam zu zahlenden Witwen- und Waisengelder.

(4) Diejenigen Witwen und Waisen, denen bei Inkrafttreten dieses Gesetzes Witwen- und Waisengelder aus der Staatskasse auf Grund des § 14 Abs. 1 des Gesetzes vom 4. Dezember 1899 (Gesetzsamml. S. 587) gezahlt werden, erhalten dieselben Bezüge aus der Staatskasse weiter.

§ 50.

Soweit für die bisherigen Schulverbände und Gesamtschulverbände die gesetzlichen Besoldungsbeiträge und Zuschüsse aus der Staatskasse (§§ 43 bis 46 des Lehrerbesoldungsgesetzes vom 26. Mai 1909 [Gesetzsamml. S. 85]) gezahlt worden sind, findet § 47 Abs. 1 desselben Gesetzes sinngemäß Anwendung.

§ 51.

Die Anstellung der Lehrkräfte an den öffentlichen Volksschulen der neuen Stadtgemeinde Berlin erfolgt nach den Vorschriften der §§ 58 bis 62 des Volksschulunterhaltungsgesetzes mit der Maßgabe, daß in allen Fällen, in denen eine Stelle durch den Tod ihres Inhabers in den Monaten Juni und November frei wird, die Besetzung durch Wahl aus drei von der Schulaufsichtsbehörde als befähigt Bezeichneten oder, soweit es sich um eine mit Leitungsbefugnissen verbundene Stelle handelt, durch die Schulaufsichtsbehörde zu erfolgen hat.

1. Gemäß § 58 des Gesetzes vom 28. Juli 1906 werden die Rektoren, Hauptlehrer, Lehrer und Lehrerinnen an den öffentlichen Volksschulen von der Schulaufsichtsbehörde unter der durch das Gesetz geordneten Beteiligung der Schulverbände aus der Zahl der Befähigten angestellt. Die Lehrer und Lehrerinnen werden von der Gemeindebehörde aus der Zahl der Befähigten innerhalb einer von der Schulaufsichtsbehörde zu bestimmenden Frist gewählt (§ 59 das.).

2. In den einen eigenen Schulverband bildenden Gemeinden, in welchen bisher die bürgerliche Gemeinde Trägerin der Schullast gewesen ist und die Gemeindeorgane ein Recht auf weitergehende Mitwirkung bei der Berufung der Lehrkräfte oder eine solche weitergehende Mitwirkung bei der Berufung ausgeübt haben, bewendet es hierbei (§ 61 des Gesetzes vom 28. Juli 1906). Die neue Gemeinde Berlin ist Rechtsnachfolgerin aller zu ihr zusammengeschlossenen früheren Gemeinden. Auf sie gehen daher alle weitergehenden Rechte der einzelnen Gemeinden über, und zwar in Bezug auf alle der neuen Gemeinde unterstellten Volksschulen.

§ 52.

Die Bestätigung der Wahl der Lehrer an höheren Lehranstalten sowie an Fach- und Fortbildungsschulen steht dem Provinzialschulkollegium, der Direktoren an höheren Lehranstalten der Preußischen Staatsregierung, an Fach- und Fortbildungsschulen dem Minister für Handel und Gewerbe zu.

§ 58.

Bis zum Erlaß einer neuen Städteordnung gelten für die neue Stadtgemeinde Berlin folgende Vorschriften:

1. Das Bürgerrecht in der neuen Stadtgemeinde Berlin steht denjenigen Personen zu, die für die Dauer der Gültigkeit der Verordnung vom 24. Januar 1919 (Gesetzsamml. S. 13) gemeindewahlberechtigt sind.
2. Das aktive Wahlrecht steht nur den Bürgern zu, welche schon zu dem Zeitpunkt des Beginns der Auslegung der Wählerlisten im Besitz des Bürgerrechts sind und seit einem Jahre ihren Wohnsitz im Sinne des Bürgerlichen Gesetzbuches im Bezirk der Stadtgemeinde Berlin haben.
3. Die Wahlen zur Stadtverordnetenversammlung finden in sämtlichen Wahlkreisen an demselben Tage, und zwar an einem Sonntage oder öffentlichen Ruhetage statt. Wegen der An- und Auslegung sowie der endgültigen Feststellung der Wählerlisten und wegen der Durchführung der Wahlen erläßt der Minister des Innern die erforderlichen Bestimmungen.
4. Fällt eine Voraussetzung der Wählbarkeit während der Wahlzeit fort, so scheidet der Stadtverordnete aus der Stadtverordnetenversammlung aus. Bestreitet der Stadtverordnete, daß der Fall des Ausscheidens vorliegt, so beschließt hierüber die Stadtverordnetenversammlung. Gegen den Beschluß steht dem Stadtverordneten die Klage im Verwaltungsstreitverfahren zu; die Klage hat keine aufschiebende Wirkung, jedoch tritt ein Er-

satzmann nicht vor rechtskräftiger Entscheidung ein.

5. Falls für Beschlüsse der Stadtverordnetenversammlung die Stimmenmehrheit entscheidend ist, gilt bei Stimmengleichheit ein Antrag als abgelehnt.
6. Bei einer Neuwahl der Stadtverordnetenversammlung muß die neue Stadtverordnetenversammlung binnen vier Wochen nach dem Wahltage zusammentreten. Den näheren Zeitpunkt bestimmt der Magistrat.

1. a) Verordnung vom 24. Jan. 1919:

§ 1.

Die Mitglieder der Gemeindevertretungen werden in allgemeinen, unmittelbaren und geheimen Wahlen nach den Grundsätzen der Verhältniswahl gewählt.

Jeder Wähler hat eine Stimme.

§ 2.

Wahlberechtigt und wählbar sind alle im Besitze der deutschen Reichsangehörigkeit befindlichen Männer und Frauen, welche das 20. Lebensjahr vollendet haben, im Gemeindebezirke seit 6 Monaten ihren Wohnsitz haben und im Besitze der bürgerlichen Ehrenrechte sind. Ob diese Voraussetzungen zutreffen, entscheidet sich für das aktive Wahlrecht nach dem Zeitpunkte der Auslegung der Wählerliste.

Als Wohnsitz ist der Gemeindebezirk anzusehen, in dem jemand eine Wohnung unter Umständen innehat, die auf die Absicht der dauernden Beibehaltung schließen lassen.

§ 3.

Von der Ausübung des Wahlrechts ausgeschlossen ist:

1. wer entmündigt ist oder unter vorläufiger Vormundschaft steht;

2. wer infolge eines rechtskräftigen Urteils der bürgerlichen Ehrenrechte ermangelt.

§ 4.

Aufgehoben werden Vorschriften, wonach:

das Wahlrecht in anderen Fällen als denen des § 3 ruht;

Forensen und juristischen Personen ein Wahlrecht zusteht;

die Ausübung des Bürgerrechts von der Zahlung eines Bürgerrechtsgeldes abhängig gemacht wird;

ein bestimmter Prozentsatz der Gemeindevertretung aus Grundstückseigentümern, Nießbrauchern usw. bestehen muß (sogenanntes Hausbesitzerprivileg);

bestimmte Beamtengruppen von der Wahl zum Gemeindevorstand oder zur Gemeindevertretung ausgeschlossen sind;

neben den gewählten auch nichtgewählte Personen der Gemeinde-(Bürgermeisterei-)Vertretung als Mitglieder hinzutreten.

§ 5.

Die Gemeindevertretungen bestehen aus mindestens 6 und höchstens 144 Mitgliedern.

§ 6.

In den Städten der Provinz Hannover werden die Mitglieder des Magistrats von den Bürgervorstehern gewählt.

(Abs. 2 ist aufgehoben durch Verordnung vom 31. Januar 1919, s. unten unter b.)

§ 7.

Die gegenwärtigen Gemeindevertretungen werden aufgelöst.

Die Neuwahlen haben an einem Sonntage bis spätestens zum 2. März 1919 zu erfolgen.

Die Mitglieder der Gemeindevertretungen bleiben bis zur erfolgten Neuwahl in ihren Ämtern.

§ 8.

Für die Vornahme der auf Grund dieser Verordnung erstmalig stattfindenden Wahlen ist die Wahlordnung für die verfassunggebende preußische Landesversammlung mit der Maßgabe anzuwenden, daß an Stelle des Wahlkommissars der in den Gemeindeordnungen festgesetzte Wahlvorstand bezw. die Wahlkommission tritt.

Bei der erstmaligen Wahl sind die Wählerlisten zur preußischen Landesversammlung anzuwenden. Die besonderen Bestimmungen des § 2 dieser Verordnung über Dauer und Begriff des Wohnsitzes gelten für die erstmalige Wahl nicht.

Für die späteren Wahlen wird das Wahlverfahren auf der Grundlage der gegenwärtigen Verordnung durch eine besondere Wahlordnung geregelt, welche das Ministerium des Innern erläßt.

Bei der erstmaligen Wahl werden Wahlbezirke nicht gebildet. Für die weiteren Wahlen können durch Ortsstatut Wahlbezirke geschaffen werden.

§ 9.

Die Bestimmungen der Städte- und Landgemeindeordnungen über die Teilnahme am Gemeindevermögen, Gemeindegliedervermögen und an Allmenden werden durch diese Verordnung nicht berührt.

§ 10.

Die Bestimmungen der Städte- und Landgemeindeordnungen (Gemeindeordnungen) werden insoweit aufgehoben, als sie den Vorschriften dieser Verordnung entgegenstehen. Ortsstatutarische Ergänzungen sind insoweit zulässig, als sie den Bestimmungen dieser Verordnung und der nach § 8 Absatz 3 zu erlassenden Wahlordnung nicht zuwiderlaufen.

b) Nachtragsverordnung zur Verordnung über die anderweite Regelung des Gemeindewahlrechts vom 24. Januar 1919. Vom 31. Januar 1919:

§ 1.

Im § 6 der Verordnung über die anderweite Regelung des Gemeindewahlrechts vom 24. Januar 1919 fällt Abs. 2 fort.

Hinsichtlich der Zahl der Stadtverordneten (Bürgervorsteher) gelten für die Städte aller Provinzen die Bestimmungen der Städteordnung für die östlichen Provinzen vom 30. Mai 1853 (Gesetzsamml. S. 261) sinngemäß mit der Maßgabe, daß Ortsstatute, durch welche geringere Zahlen vorgesehen sind, als sie der Regelvorschrift der genannten Städteordnung entsprechen würden, insoweit aufgehoben werden.

§ 2.

Die im § 11 des Reichswahlgesetzes vom 30. November 1918 (Reichs-Gesetzbl. S. 1345) festgesetzte Frist von 21 Tagen kann vom Wahlvorstand beziehungsweise der Wahlkommission dahin abgeändert werden, daß spätestens am 7. Tage vor dem Wahltage die Wahlvorschläge einzureichen sind.

In Gemeinden unter 20000 Einwohnern kann beschlossen werden, daß die Wahlvorschläge auch von weniger als 100, aber mindestens 20 in der Gemeinde zur Ausübung der Wahl berechtigten Personen unterzeichnet sein können.

Der Wahlvorstand beziehungsweise die Wahlkommission hat spätestens zwei Wochen vor dem Wahltage zur Einreichung von Wahlvorschlägen durch eine Bekanntmachung in den zur amtlichen Veröffentlichung dienenden Blättern der Gemeinde aufzufordern. Die Bekanntmachung hat die im § 12 der Wahlordnung vom 30. November 1918 vorgeschriebenen Angaben zu enthalten.

Der Wahlvorstand beziehungsweise die Wahlkommission ist berechtigt, in dieser Bekanntmachung (vgl. Abs. 3) die Größe der Stimmzettel sowie ihre sonstige Beschaffenheit abweichend von der Vorschrift des § 34 der Wahlordnung vom 30. November 1918 zu bestimmen.

§ 3.

Der § 31 des Gesetzes, betreffend die Verfassung und Verwaltung der Städte und Flecken der Provinz Schleswig-Holstein, vom 14. April 1869 (Gesetzsamml. S. 589) wird dahin geändert, daß die drei Kandidaten für jede einzelne Stelle des Magistrats nicht von einer gemeinschaftlichen Kommission der beiden städtischen Kollegien, sondern von der Stadtverordnetenversammlung allein präsentiert werden.

§ 4.

Durch Gemeindebeschluß kann für die Mitglieder der Gemeindevertretungen eine angemessene Entschädigung für die Teilnahme an Sitzungen der Gemeindevertretungen (Deputationen, Kommissionen) festgesetzt werden; im allgemeinen ist dann aber nur eine Vergütung festzusetzen, welche dem entgangenen Arbeitsverdienst entspricht.

§ 5.

Die Provinzen Posen und Westpreußen sowie der Regierungsbezirk Oppeln bleiben bis auf weiteres von dem Geltungsbereich der Verordnung ausgeschlossen.

Wahlen von Gemeindevorstandsmitgliedern (Bürgermeistern, Magistratsmitgliedern) finden in den Stadt- und Landgemeinden dieser Provinzen bis zur Einführung der genannten Verordnung durch die bestehenden Gemeindevertretungen nicht statt. Die erforderlichen Stellenbesetzungen erfolgen solange nach Anhörung der Gemeindevertretungen durch das Ministerium des Innern.

§ 6.

Die Ausführungsbestimmungen zu der Verordnung über die anderweite Regelung des Gemeindewahlrechts vom 24. Januar 1919 (Gesetzsamml. S. 13) sowie zu dieser Nachtragsverordnung erläßt das Ministerium des Innern.

c) Gesetz, betreffend vorläufige Regelung verschiedener Punkte des Gemeindeverfassungsrechts. Vom 18. Juli 1919. Gesetzsamml. S. 118:

Bestimmungen über das Verfahren bei den Wahlen zu den Gemeindevertretungen.

§ 23.

Bei den nach Erlaß dieses Gesetzes stattfindenden Wahlen zu den Gemeindevertretungen gelten in Abweichung von der Verordnung über die Wahlen zur verfassunggebenden Preußischen Landesversammlung vom 21. Dezember 1918 (Gesetzsamml. S. 201) folgende Bestimmungen:

a) die Wahlvorschläge müssen von mindestens 10 wahlberechtigten Personen unterzeichnet sein;

b) die Wahlvorschläge dürfen um die Hälfte mehr Namen enthalten, als Gemeindevertreter zu wählen sind;

c) die Dauer der Wahlhandlung kann durch Beschluß der Gemeindevertretung (Stadtverordnetenversammlung) abgekürzt werden. Beim Vorliegen mehrerer Wahlvorschläge darf die Wahlzeit nicht weniger als sechs Stunden betragen. (Haben alle in der Wählerliste verzeichneten Stimmberechtigten gewählt, so kann der Wahlvorstand die Wahlhandlung schließen;

d) der Minister des Innern wird ermächtigt, bei den Gemeindevertreterwahlen unter den Voraussetzungen des § 29 Abs. 2 der Wahlordnung für die Wahlen zur verfassunggebenden Deutschen Nationalversammlung vom 30. November 1918 (Reichs-Gesetzbl. S. 1442) die Wahlhandlung anstatt in verschiedenen Räumen desselben Gebäudes gleichzeitig in zwei verschiedenen Gebäuden desselben Stimmbezirks zuzulassen.

2. Wegen des Inhalts und Erwerbs des Bürgerrechts siehe StO. §§ 5 ff. Das Bürgerrecht besteht in dem Recht zur Teilnahme an den Wahlen sowie in der Befähigung zur Übernahme

unbesoldeter Ämter in der Gemeindeverwaltung und zur Gemeindevertretung.

3. Durch den Ausdruck „das Bürgerrecht steht zu" sind gleichzeitig die Voraussetzungen für den Erwerb und Verlust des Bürgerrechts umschrieben.

4. BGB. §§ 7—11: Wer sich an einem Ort ständig niederläßt, begründet an diesem Orte seinen Wohnsitz. Der Wohnsitz kann gleichzeitig an mehreren Orten bestehen. Der Wohnsitz wird aufgehoben, wenn die Niederlassung mit dem Willen aufgehoben wird, sie aufzugeben (§ 7). Wer geschäftsfähig oder in der Geschäftsfähigkeit beschränkt ist, kann ohne den Willen seines gesetzlichen Vertreters eine Wohnung weder begründen noch aufheben (§ 8). Eine Militärperson hat ihren Wohnsitz am Garnisonorte. Als Wohnsitz einer Militärperson, deren Truppenteil im Inlande keinen Garnisonort hat, gilt der letzte inländische Garnisonort des Truppenteils. Diese Vorschriften finden keine Anwendung auf Militärpersonen, die nur zur Erfüllung ihrer Wehrpflicht dienen, oder die nicht selbständig einen Wohnsitz begründen können (§ 9). Die Ehefrau teilt den Wohnsitz des Ehemannes. Sie teilt den Wohnsitz nicht, wenn der Mann im Auslande einen Wohnsitz begründet, an den die Frau ihm nicht folgt und zu folgen nicht verpflichtet ist. Solange der Mann keinen Wohnsitz hat oder die Frau seinen Wohnsitz nicht teilt, kann die Frau selbständig einen Wohnsitz haben (§ 10). Ein eheliches Kind teilt den Wohnsitz des Vaters, ein uneheliches Kind den Wohnsitz der Mutter, ein an Kindes Statt angenommenes Kind den Wohnsitz des Annehmenden. Ein erst nach dem Eintritt der Volljährigkeit erfolgende Legitimation oder Annahme an Kindes Statt hat keinen Einfluß auf den Wohnsitz der Kinder.

5. § 53 Ziffer 4 ersetzt die entsprechenden Bestimmungen des § 18 StO.

6. Die Stimme des Vorsitzenden entscheidet nicht mehr gemäß § 43, wenn Stimmenmehrheit entscheidend ist, aber Stimmengleichheit vorliegt.

§ 54.

Die in den bisherigen Gemeinden geltenden Gemeindebeschlüsse, Ortsstatuten, allgemeinen Gewohnheitsrechte und Observanzen, insbesondere die Ordnungen (Observanzen, Statuten, Regulative usw.) über die Aufbringung von Gebühren, Beiträgen, indirekten oder direkten Steuern oder Naturaldiensten sowie die für die einzelnen Teile des Gebietes der neuen Stadtgemeinde Berlin bisher geltenden Polizeiverordnungen bleiben bis zur anderweiten Regelung durch die nunmehr hierfür zuständigen Stellen in Kraft, soweit ihre Bestimmungen oder ihr Inhalt nicht gegen dieses Gesetz verstoßen. Entsprechendes gilt für die Gutsbezirke.

Wegen bestehender Bestimmungen vergl. Wölbling, Berliner Stadtrecht, sowie Berliner Gemeinderecht, II. Aufl.

§ 55.

(1) Die besoldeten Beamten der in der neuen Stadtgemeinde Berlin zusammengeschlossenen Gemeinden und Gutsbezirke, der aus diesen Körperschaften gebildeten Amtsverbände sowie des Verbandes Groß-Berlin sind, gegebenenfalls gegen Erstattung der notwendigen Umzugskosten, verpflichtet, gleichwertige Ämter in der neuen Stadtgemeinde Berlin zu übernehmen. Im Weigerungsfalle ist die neue Stadtgemeinde Berlin von ihren Verpflichtungen gegen diese Personen entbunden. Diese Folge tritt, vorbehaltlich der Nachprüfung im ordentlichen Rechtswege, erst ein, wenn sich der Beamte der Entscheidung des Oberpräsidenten (§ 57) nicht unterwirft.

(2) Die Gehalts-, Ruhegehalts- und Hinterbliebenenversorgungsansprüche auf Grund des früheren Dienst-

verhältnisses werden durch die Übernahme in den Dienst der neuen Stadtgemeinde Berlin nicht berührt; das neue Diensteinkommen ist aber nicht deswegen als geringer anzusehen, weil die Gelegenheit zur Verwaltung von Nebenämtern nicht wieder gewährt wird oder weil die für Dienstunkosten besonders ausgesetzten Einnahmen mit diesen Unkosten selbst fortfallen.

(3) Der Magistrat ist mit Zustimmung der Stadtverordnetenversamm lung berechtigt, in Fällen, in denen die Anwendung der vorstehenden Bestimmungen zu besonderen Härten für die Betroffenen oder deren Hinterbliebene führen würde, abweichende Bestimmungen zu gunsten eines Beamten oder seiner Hinterbliebenen zu treffen.

1. Zu den besoldeten Gemeindebeamten gehören nicht die Lehrer und Schulleiter.

2. Als gleichwertig dürften anzusehen sein Bürgermeisterposten in den früheren Gemeinden und Bezirksbürgermeisterstellen, unter Umständen, sofern der Ortsbezirk denselben Umfang hat wie der betreffende frühere Gemeindebezirk, Ortsbezirksvorsteher, ferner unter gewissen Voraussetzungen Mitglieder des Bezirksamts und frühere Mitglieder eines Magistrats.

3. Eine Verpflichtung der alten Gemeinde kommt überhaupt nicht mehr in Frage, da die alten Gemeinden ja mit Begründung der neuen Gemeinde Berlin untergehen.

§ 56.

Die Beamten der Landesversicherungsanstalt Brandenburg, die infolge Durchführung dieses Gesetzes in ihren früheren Ämtern nicht weiter beschäftigt werden können, sind berechtigt, zu verlangen, daß ihnen gleichwertige Ämter bei der Landesversicherungsanstalt Berlin eingeräumt werden. Die Landesversiche rungsanstalt Berlin ist zur Einstellung dieser Beamten verpflichtet, soweit sie gleichwertige Ämter zur Verfügung hat. Die Gehalts-, Ruhegehalts- und Hinterbliebenenversorgungsansprüche dieser Beamten dürfen durch die Übernahme in den Dienst der Landesversicherungsanstalt Berlin nicht verschlechtert werden.

Vergl. Wölbling, Berliner Stadtrecht, S. 26, 42, 58.

§ 57.

Über Streitigkeiten aus Anlaß der §§ 55 und 56 beschließt in erster Instanz der Oberpräsident; vor der Entscheidung soll er den beteiligten Beamten, die beteiligte Beamtenorganisation und den Magistrat anhören. Gegen den Beschluß des Oberpräsidenten findet binnen einer Ausschlußfrist von sechs Monaten nach seiner Zustellung die Klage im ordentlichen Rechtswege statt. Der Beschluß des Oberpräsidenten ist für beide Teile verbindlich, vorbehaltlich der Entscheidung durch rechtskräftiges Erkenntnis.

§ 58.

Dieses Gesetz tritt am 1. Oktober 1920 mit folgenden Maßgaben in Kraft:

1. (1) Das Schiedsgericht (§ 4) hat alsbald nach der Verkündung des Gesetzes zusammenzutreten, um für die Zeit nach Inkrafttreten des Gesetzes vorbereitende Maßnahmen für die Auseinandersetzung zu treffen; insbesondere liegen ihm die folgenden Aufgaben ob:

a) die Bestimmung derjenigen Kreis- und Provinzialeinrichtungen und -Anstalten, die von der neuen Stadtgemeinde Berlin übernommen werden, und die Bestimmung des Zeitpunktes der Übernahme,

b) die Bestimmung derjenigen Anstalten und Einrichtungen, die nach den Bestimmungen des § 4 Nr. 2 und 3 gemeinsam unterhalten und verwaltet werden sollen, sowie die Regelung der Beteiligung der Restverbände und der neuen Stadtgemeinde Berlin an der Verwaltung und Unterhaltung dieser Anstalten und Einrichtungen,

c) die Aufstellung von Grundsätzen über die gemeinsame Benutzung der unter b erwähnten Anstalten und Einrichtungen durch die beteiligten Kommunalverbände und ihre Angehörigen.

(2) An Stelle der vier vom Magistrat der neuen Stadtgemeinde Berlin zu wählenden Mitglieder des Schiedsgerichts und ihrer Stellvertreter (§ 7) treten einstweilen vier andere Mitglieder und vier Stellvertreter in das Schiedsgericht ein, von denen je ein Mitglied und einen Stellvertreter die Magistrate von Berlin, Charlottenburg, Neukölln und Berlin-Schöneberg wählen. Die von den früheren Kommunalverbänden gewählten vier Mitglieder und vier Stellvertreter des Schiedsgerichts scheiden aus, sobald die neuen Kommunalverbände gemäß § 7 die endgültigen Wahlen vorgenommen haben.

(3) Das Schiedsgericht hat nach seiner endgültigen Zusammensetzung die vorläufig gefaßten Beschlüsse nachzuprüfen und die endgültige Entscheidung zu treffen.

2. Die Wahlen der Stadtverordneten, der Bezirksverordneten, des neuen Magistrats und der stimmfähigen Bürger für die Verwaltungsdeputationen und -Kommissionen (§ 13) finden nach näherer Anordnung des Ministers des Innern schon vor dem 1. Oktober 1920 statt. Für das erste Mal erfolgt die Zusammenberufung der Stadtverordneten, die Einführung in ihre

Ämter und ihre Verpflichtung durch Handschlag an Eides Statt durch den Oberpräsidenten von Berlin.

3. (1) Die bisherigen Stadtverordnetenversammlungen und Gemeindevertretungen der in der neuen Stadtgemeinde Berlin zusammengeschlossenen Gemeinden gelten als aufgelöst, sobald die Stadtverordnetenversammlung und der Magistrat der neuen Stadtgemeinde Berlin gebildet und auf Anordnung des Oberpräsidenten zusammengetreten sind.

(2) Treten diese Körperschaften schon vor dem 1. Oktober 1920 zusammen (Nr. 8), so bleiben die bisherigen Stadtverordnetenversammlungen und Gemeindevertretungen bis zum 1. Oktober bestehen.

4. (1) Die bisherigen Magistrate (Deputationen, Gemeindevorstände, Gemeindevorsteher, Gutsvorsteher) haben ihre Geschäfte mit den durch dieses Gesetz gebotenen Einschränkungen fortzuführen, solange der Magistrat der neuen Stadtgemeinde Berlin dies für erforderlich erachtet. Sie haben den Anordnungen des Magistrats der neuen Stadtgemeinde Berlin Folge zu leisten, ihm die Tagesordnungen ihrer Sitzungen rechtzeitig zur Kenntnisnahme einzureichen und ihn von allen wichtigen Beschlüssen in Kenntnis zu setzen. Soweit ihnen zur Bestreitung der erforderlichen Ausgaben nicht bereits Mittel von den zuständigen Körperschaften bewilligt worden sind, haben sie diese Bewilligungen rechtzeitig zu beantragen.

(2) Diejenigen Mitglieder von Deputationen, Kommissionen oder Ausschüssen, welche in diese Körperschaften in ihrer Eigenschaft als Gemeindevertreter gewählt sind, verbleiben in ihnen auch nach Auflösung der Gemeindevertretungen. Sinkt die Mitgliederzahl einer solchen Körperschaft unter die Hälfte ihrer bestimmungs-

mäßigen Anzahl hinab, so ergänzt sich die Körperschaft durch Zuwahl von stimmfähigen Bürgern nach näherer Anordnung des Magistrats der neuen Stadtgemeinde Berlin; soweit es sich hierbei um Mitglieder handelt, bei deren Bestellung der Gemeindevorstand beteiligt ist, nimmt der Magistrat der neuen Stadtgemeinde Berlin die erforderlichen Ergänzungsbestellungen vor. Entsprechendes gilt für die auf besonderen gesetzlichen Vorschriften beruhenden Deputationen.

5. Durch übereinstimmenden Beschluß beider städtischen Körperschaften der neuen Stadtgemeinde Berlin kann angeordnet werden, daß die örtliche Verwaltung für das Gebiet einer früheren Landgemeinde oder eines früheren Gutsbezirks schon vor und bis zu dem Zeitpunkt der Bildung der neuen örtlichen Verwaltungsorgane (§§ 14 fg.) von einem Magistrat oder einem anderen Gemeindevorstande oder Gemeindevorsteher desselben Verwaltungsbezirks mit übernommen wird. In diesem Falle gilt das Amt des Gemeindevorstandes und des Gemeinde- oder Gutsvorstehers schon mit dem Zeitpunkt als erloschen, in welchem die Übernahme erfolgt.

6. Läuft die Amtszeit eines Magistratsmitgliedes oder eines Mitgliedes des Gemeindevorstandes oder eines Gemeindevorstehers vor Bildung der neuen örtlichen Verwaltungsorgane des Verwaltungsbezirks ab oder scheidet eine dieser Personen aus ihrem Amte aus, so trifft der Magistrat der neuen Stadtgemeinde Berlin nach Anhörung der Stadtverordnetenversammlung die zur einstweiligen Fortführung der Geschäfte erforderlichen Maßnahmen; insbesondere steht ihm die einstweilige Besetzung der erledigten Stellen zu; er kann hierzu auch solche Magistratsmitglieder, Gemeinde-

vorstandsmitglieder und Gemeindevorsteher verwenden welche in anderen Verwaltungsbezirken oder anderen örtlichen Bezirken desselben Verwaltungsbezirks gemäß Nr. 4 dieses Paragraphen ihr Amt einstweilen noch fortführen.

7. Die Bezirksvorsteher (§ 60 der Städteordnung) bleiben bis zum Ablauf ihrer Wahlzeit im Amt. Beim Ausscheiden von Bezirksvorstehern oder deren Stellvertretern werden die erforderlichen Neuwahlen, solange nicht für den beteiligten Verwaltungsbezirk die neuen örtlichen Verwaltungsorgane eingerichtet sind, von dem zuständigen Magistrat vorgenommen. Der Zeitpunkt für die Einsetzung von Ortsbezirksvorstehern wird durch übereinstimmenden Beschluß der beiden Körperschaften des beteiligten Verwaltungsbezirks bestimmt. Die Ernennung der Ortsbezirksvorsteher darf erst stattfinden, nachdem die beiden Körperschaften des Bezirks Beschluß über die Bestellung von Beiräten gefaßt haben und gegebenenfalls die Wahl dieser Beiräte erfolgt ist.

8. (1) Durch übereinstimmenden Beschluß beider städtischen Körperschaften der neuen Stadtgemeinde Berlin können schon vor dem Inkrafttreten des Gesetzes die Maßnahmen getroffen werden, die seine rechtzeitige Ausführung sicherstellen. Die Stadtverordnetenversammlung und der Magistrat der neuen Stadtgemeinde Berlin sind zur Beschlußfassung darüber, inwieweit sie von dieser Befugnis Gebrauch machen wollen, durch den Oberpräsidenten alsbald nach der Wahl des Magistrats zusammenzuberufen. Verfügungen, Beschlüsse und Entscheidungen der Verwaltungs- (und Verwaltungsgerichts-) Behörden, welche durch diese Beschlüsse

erfordert werden, können gleichfalls schon vor Inkrafttreten des Gesetzes getroffen werden.

(2) Der Haushaltsplan der neuen Stadtgemeinde Berlin für das Haushaltsjahr 1920 — für die Zeit vom 1. April 1920 bis 31. März 1921 — ist von dem Magistrat und der Stadtverordnetenversammlung der neuen Stadtgemeinde Berlin möglichst vor dem Inkrafttreten dieses Gesetzes festzustellen. Die bisherigen Magistrate, Gemeindevorstände, Gemeinde- und Gutsvorsteher (unbeschadet der Bestimmung in Nr. 5) haben zu diesem Zwecke die Entwürfe der Haushaltspläne für das Haushaltsjahr 1920 dem Magistrat der neuen Stadtgemeinde Berlin oder, sofern dieser noch nicht zusammengetreten ist, dem Magistrat der bisherigen Stadtgemeinde Berlin zur Übermittlung an den neugewählten Magistrat der neuen Stadtgemeinde Berlin rechtzeitig einzureichen.

(3) Die in der neuen Stadtgemeinde Berlin zusammengeschlossenen Gemeinden und Gutsbezirke dürfen bis zur Feststellung des Haushaltsplanes für das Haushaltsjahr 1920 und vorbehaltlich der Änderungen, die sich durch diese Feststellung ergeben, nur solche Ausgaben leisten, die ihrer Art nach in dem für das Haushaltsjahr 1919 geltenden Haushaltsplan schon vorgesehen sind; von den darin festgestellten Summen zuzüglich der dazu nachbewilligten Beträge oder von den wirklich ausgegebenen Beträgen kann für jeden Monat $^1/_{12}$ zuzüglich derjenigen Mehrbeträge verausgabt werden, die zur Erfüllung der auf einen längeren Zeitraum im voraus fälligen Verbindlichkeiten erforderlich sind; daneben dürfen Ausgaben nur für solche Aufgaben geleistet werden, die zur Fortführung der laufenden Verwaltung unbedingt notwendig sind,

oder die auf einer besonderen gesetzlichen Verpflichtung beruhen.

(4) Die umlagefähigen Steuern sind bis zum ordnungsmäßigen Zustandekommen des Umlageverteilungsbeschlusses für den Haushalt der neuen Stadtgemeinde Berlin für das Haushaltsjahr 1920 vorläufig nach den für das Haushaltsjahr 1919 festgesetzten Sätzen zu erheben. Die hiernach von den Steuerpflichtigen eingezogenen Beträge sind ihnen als Abschlagszahlungen auf die nach dem Umlageverteilungsbeschluß der neuen Stadtgemeinde Berlin endgültig veranlagten Steuern anzurechnen.

9. Maßnahmen auf Grund der Bestimmungen in den Nrn. 4 bis 6 können von der Stadtverordnetenversammlung und dem Magistrat der neuen Stadtgemeinde Berlin in der Regel erst für die Zeit nach dem Inkrafttreten des Gesetzes getroffen werden.

10. Die Entscheidung darüber, ob in denjenigen Organen der Restverbände, bei welchen infolge Durchführung dieses Gesetzes ein Teil der Mitglieder ausgeschieden ist, Neuwahlen sämtlicher Mitglieder stattzufinden haben, trifft der Oberpräsident der Provinz Brandenburg.

11. (1) In den vor dem 1. Oktober 1920 bei Beschlußbehörden und Verwaltungsgerichten anhängig gewordenen Beschluß- und Streitsachen geht die Zuständigkeit nach den Vorschriften dieses Gesetzes auf den Bezirksausschuß der neuen Stadtgemeinde Berlin nur insoweit über, als diese Sachen bei dem Bezirksausschuß zu Berlin anhängig waren. Der Bezirksausschuß zu Potsdam bleibt insbesondere auch zuständig in denjenigen Beschluß- und Streitsachen, die vor dem 1. Oktober 1920 in erster Instanz bei Beschluß-

behörden oder Verwaltungsgerichten anhängig waren und für die der Bezirksausschuß zu Potsdam Beschwerde- oder Berufungsinstanz war.

(2) Über Streitigkeiten wegen der Auslegung der Nr. 11 beschließt das Oberverwaltungsgericht.

12. (1) Die bereits bestehenden Stadtausschüsse bleiben, und zwar als Abteilungen des Stadtausschusses der neuen Stadtgemeinde Berlin, solange bestehen, bis für den beteiligten Verwaltungsbezirk das Bezirksamt zusammengetreten ist. Scheiden einzelne Mitglieder dieser Stadtausschüsse nach Inkrafttreten des Gesetzes aus, so werden die erforderlichen Neuwahlen durch den Magistrat der neuen Stadtgemeinde Berlin vorgenommen. Für die Zeit bis zu ihrer Auflösung ist durch Ortsgesetz die Zuständigkeit dieser Stadtausschüsse auf solche Teile des Gebietes der neuen Stadtgemeinde Berlin, für welche bisher ein Stadtausschuß nicht bestand, auszudehnen.

(2) Für die dem Stadtausschuß der neuen Stadtgemeinde Berlin vorbehaltenen Geschäfte bleibt die Zuständigkeit der Kreisausschüsse der Kreise Teltow, Niederbarnim und Osthavelland insoweit bestehen, als es sich um die Erledigung der bereits vor dem Inkrafttreten dieses Gesetzes bei ihnen anhängig gemachten Sachen handelt.

13. (1) Für den Bezirk der bisherigen Stadt Berlin einschließlich des Gutsbezirkes Berlin-Schloß und der Gemeinde Stralau außer der Abtei wird bis zur anderweiten Regelung durch Gemeindebeschluß eine einheitliche Bezirksschuldeputation und ein einheitlicher Bezirksschulausschuß gebildet. Die Zusammensetzung dieser beiden Körperschaften wird im Rahmen der bestehenden Schulgesetze durch Gemeindebeschluß mit

der Maßgabe bestimmt, daß diejenigen Mitglieder der Bezirksschuldeputation und des Bezirksschulausschusses, die nicht Mitglieder des Magistrats oder der Stadtverordnetenversammlung sind, ihren Wohnsitz in der bisherigen Stadt Berlin einschließlich des Gutsbezirkes Berlin-Schloß und der Gemeinde Stralau außer der Abtei haben müssen.

(2) Bei der Bildung der Schuldeputation sind die Bezirksversammlungen möglichst zu beteiligen. Zu diesem Zweck können anstatt Mitglieder der Stadtverordnetenversammlung Bezirksverordnete gewählt werden.

14. (1) Die beim Inkrafttreten des Gesetzes bestehenden Schuldeputationen und Schulvorstände üben ihre bisherige Tätigkeit solange weiter aus, bis die Bezirksschuldeputationen in Wirksamkeit getreten sind.

(2) Die Bestimmung der Nr. 4 Abs. 2 findet entsprechende Anwendung.

(3) Die beim Inkrafttreten des Gesetzes bestehenden Kuratorien, Schulvorstände und Fachausschüsse der Fach- und Fortbildungsschulen üben ihre Tätigkeit solange weiter aus, bis durch den Magistrat eine anderweite Regelung erfolgt ist.

15. Bei den ersten Wahlen zur Stadtverordnetenversammlung und zu den Bezirksversammlungen sind rentenempfangende Kriegsbeschädigte, heimgekehrte Kriegs- und Zivilgefangene sowie Flüchtlinge aus den verlorenen oder besetzten Gebieten wahlberechtigt, wenn sie in Berlin wohnen, auch wenn die Ansässigkeitsfrist noch nicht erreicht ist.

1. Eine Reihe von Bestimmungen tritt bereits vom 1. Oktober, und zwar 14 nach Erscheinen des betreffenden Stücks des Ge-

setzblattes, in Kraft, wenn der Magistrat der neuen Gemeinde Berlin es beschließt.

2. Die Entscheidungen des Schiedsgerichts in seiner vorläufigen Besetzung gemäß Absatz 2 sind zwar an sich rechtsverbindlich, sie unterliegen aber sämtlich der Nachprüfung durch das Schiedsgericht in seiner endgültigen Besetzung. Es bleibt den Parteien überlassen, Anregungen für diese Nachprüfung zu geben.

3. Die bisherigen Stadtverordnetenversammlungen und Gemeindevertretungen sowie die selbständigen Gutsverwaltungen bleiben bis zum 1. Oktober 1920 in voller Wirksamkeit, soweit nicht ausdrücklich Einschränkungen gesetzlich vorgeschrieben sind, z. B. durch das Sperrgesetz vom 21. Februar 1920. Ihre Auflösung erfolgt erst, wenn Stadtverordnetenversammlung und Magistrat der neuen Gemeinde Berlin zusammengetreten sind. Die Magistrate, Deputationen, Gemeindevorstände, Gemeindevorsteher, Gutsvorsteher haben aber ihre Geschäfte mit den durch dieses Gesetz gebotenen Einschränkungen weiter zu führen, bis der neue Magistrat wegen der Übernahme dieser Geschäfte Anordnung trifft. Sie sind vom 1. Oktober 1920 und dem Tage des Zusammentritts des Magistrats und der Stadtverordneten an nur noch ausführende Behörden des neuen Magistrats. Soweit Mittel für die Verwaltung nicht schon durch die bisherigen Gemeindevertretungen bewilligt waren, sind diese bei dem neuen Magistrat zu beantragen, der sie mit vorher oder nachher einzuholender Genehmigung der Stadtverordneten bewilligt. Für die Neuwahlen von Bezirksvorstehern und ihren Stellvertretern bleiben die alten Magistrate gemäß § 58 Ziffer 7 auf alle Fälle zuständig, bis die neuen örtlichen Organe eingerichtet sind; vergl. auch § 58 Ziffer 8 Absatz 1 und 2, Ziffer 9.

4. Die Mitglieder der bestehenden gesetzlichen Deputationen, — z. B. Schuldeputationen —, ebenso solcher Kommissionen, sind nicht durch die Bezirksverwaltungen, sondern nach dem 1. Oktober durch den neuen Magistrat zu ergänzen, sobald dieser in Funktion getreten ist.

5. Über die Errichtung neuer planmäßiger Stellen und die Besetzung freier Stellen in den Gemeindevorständen bestimmt das Gesetz vom 21. Februar 1920 durch folgenden einzigen Paragraphen: Vom Tage der Verkündung dieses Gesetzes an dürfen bis zum Inkrafttreten des gegenwärtig der verfassunggebenden preußischen Landesversammlung zur Beratung vorliegenden Gesetzes über die Bildung einer Stadt Groß Berlin in den in der Anlage (vergl. § 1 des Gesetzes vom 27. April 1920) aufgeführten Gemeinden und Gutsbezirken neue planmäßige Stellen für besoldete Mitglieder der Gemeindevorstände, für Beamte und Angestellte nicht errichtet, freie Stellen in den Gemeindevorständen nicht besetzt werden.

Von demselben Tage ab gefaßte Gemeindebeschlüsse über Änderungen in den Besoldungsregeln oder -sätzen sowie in der Zuweisung von Beamtengruppen zu den Besoldungsklassen (einschließlich der besoldeten Mitglieder der Gemeindevorstände und der Angestellten) in den bezeichneten Gemeinden und Gutsbezirken behalten, falls demnächst gemäß dem angeführten Gesetzentwurf eine diese Gemeinden und Gutsbezirke umfassende Stadtgemeinde Berlin ins Leben tritt, ihre Rechtswirksamkeit hinsichtlich dieser Änderungen nur solange und soweit, als sie nicht von den Körperschaften dieser Gemeinde binnen sechs Monaten seit Inkrafttreten des Gesetzes über die Bildung einer Stadt Groß Berlin abgeändert werden. Dasselbe gilt für Beförderungen von Beamten oder Angestellten, soweit diese nicht in freie planmäßige Stellen aufgerückt sind.

§ 59.

Die zur Ausführung dieses Gesetzes erforderlichen Bestimmungen werden von den Ministern des Innern, für Wissenschaft, Kunst und Volksbildung, der Finanzen und für Handel und Gewerbe getroffen.

Sachregister.

(Die Zahlen bedeuten die Seiten.)

Nachtrag.

Gesetz zur Änderung des Gesetzes über die Bildung einer neuen Stadtgemeinde Berlin vom 27. April 1920.

Vom 7. Oktober 1920 (Gesetzsamml. S. 435.)

Die verfassunggebende Preußische Landesversammlung hat folgendes Gesetz beschlossen, das hiermit verkündet wird:

Artikel 1.

Das Gesetz über die Bildung einer neuen Stadtgemeinde Berlin vom 27. April 1920 wird wie folgt geändert:

§ 11 Abs. 1 des Gesetzes erhält folgende Fassung:

Der Magistrat besteht aus höchstens 30 Mitgliedern, von denen mindestens 12 unbesoldet sein müssen. Im übrigen wird über die Festsetzung der Zahl und über die Verteilung der Sitze auf besoldete und unbesoldete Mitglieder erstmals durch die Stadtverordnetenversammlung, später durch Gemeindebeschluß entschieden.

Artikel 2.

Im § 23 fällt der Abs. 3 weg.

1. Die Wahl der Vorsitzenden der Bezirksämter erfolgt daher auch erstmalig durch die Bezirksversammlungen. Es ist daher nicht, wie S. 22 vorgeschlagen, möglich, den Vorsitzenden des Bezirksamts mit der Einberufung der Bezirksversammlung zu beauftragen. Da die Bezirksversammlungen nicht Vertretungen souveräner Körperschaften sind, sondern Organe der Stadtgemeinde Berlin, d. h. für ein räumlich abgegrenztes Gebiet der Stadtgemeinde, so können sie nicht selbständig zusammentreten, sondern es bedarf einer Einberufung durch eine übergeordnete Stelle. Diese ist der Magistrat, der auch allein die

Voraussetzung für die Geschäftsführung der Bezirksversammlung, Stellung von Räumen, Hilfsbeamten usw., herbeiführen kann, ohne welche eine geordnete Geschäftsführung nicht denkbar ist. Bemerkt sei noch, daß die Beschlußfassung der Bezirksversammlungen sich im Rahmen der von den städtischen Körperschaften aufzustellenden Grundsätze zu bewegen hat.

Artikel 3.

Im § 58 wird folgende Nummer 3a eingeschaltet:

3a. (1) Bis zur Bildung des Magistrats der neuen Stadtgemeinde Berlin sind dessen Zuständigkeiten durch den Magistrat der alten Stadtgemeinde Berlin wahrzunehmen.

(2) Ebenso werden die Obliegenheiten des Oberbürgermeisters der neuen Stadtgemeinde Berlin bis zu dessen Bestätigung von dem Oberbürgermeister der alten Stadtgemeinde Berlin ausgeübt.

Artikel 4.

Im § 58 Nr. 4 Abs. 1 Zeile 3 wird hinter dem Worte „fortzuführen," eingeschaltet:

bis der Magistrat der neuen Stadtgemeinde Berlin gebildet ist und ....

Artikel 5.

Dieses Gesetz tritt mit der Verkündung in Kraft.

Artikel 6.

Mit der Ausführung dieses Gesetzes wird der Minister des Innern beauftragt.*)

Berlin, den 7. Oktober 1920.

Die Preußische Staatsregierung.

Braun. Fischbeck. Haenisch. Stegerwald.
Severing. Lüdemann.

---

*) **Ausführungsbestimmungen S. 138 f.**

Ausführungsbestimmungen

vom 29. Juni 1920

zu dem Gesetz über die Bildung einer neuen Stadtgemeinde Berlin

vom 27. April 1920 (Gesetzsamml. S. 123).

(MinBl. i. V. S. 279.)

Das Gesetz ist ein Sondergesetz über die Bildung einer Stadtgemeinde. Es beschränkt sich in der Hauptsache auf die notwendigen Organisationsbestimmungen. Die Grundlage der Verwaltung bildet die Städteordnung — und zwar bis zum Erlaß einer neuen Städteordnung in der jetzt geltenden Form — und ihre Nebengesetze mit den für Berlin geltenden Sonderbestimmungen. Die Städteordnung und ihre Nebengesetze sind daher zum Verständnis und zur Auslegung der Bestimmungen dieses Gesetzes überall da heranzuziehen, wo nicht besondere Abweichungen von dieser allgemeinen Grundlage im Gesetz selbst vorgesehen sind.

Zu den einzelnen Paragraphen des Gesetzes wird folgendes bestimmt:

Zu § 1.

Die beteiligten drei Landkreise und die Provinz Brandenburg haben sich baldmöglichst mit dem Magistrat der neuen Stadtgemeinde in Verbindung zu setzen, um dem freiwilligen Übertritt der in den Restverbänden überflüssig werdenden Beamten und Angestellten in den Dienst Berlins nach Möglichkeit die Wege zu ebnen.

Soweit eine solche Übernahme oder eine anderweite Beschäftigung in den Restverbänden nicht möglich ist, werden die Beamten entweder (soweit dies nach den Anstellungsbedingungen zulässig ist) einstweilen in den Ruhestand versetzt oder sie werden unter Fortzahlung des Gehaltes bis zur Beendigung des Amtsverhältnisses von den Geschäften einstweilen entbunden werden müssen. Über die Voraussetzungen, unter denen etwa die Stadt

Berlin zu den hieraus für die Restverbände sich ergebenden Kostenverpflichtungen beizutragen hat, wird nach allen Richtungen hin das Schiedsgericht zu befinden haben.

Zu § 2.

Der Begriff der Gesamtrechtsnachfolge ist in weitestem Sinne zu fassen. Die Gesamtrechtsnachfolge erstreckt sich demnach auf öffentlich-rechtliche und privatrechtliche Verhältnisse, soweit eine Rechtsnachfolge überhaupt möglich und zulässig ist.

Zu § 3.

1. Die Geschäfte des Verbandes Groß-Berlin, soweit sie fortzuführen sind, sind möglichst bis zum 1. Oktober 1920 auf die entsprechenden Verwaltungsstellen der neuen Stadtgemeinde zu übertragen. Vor dem Ausbau dieser Verwaltungsstellen und der Übergabe der Geschäfte an sie ist der Verband Groß-Berlin zu hören. Ist die Übertragung bis zum 1. Oktober 1920 noch nicht durchgeführt, so haben die bisherigen Verwaltungsstellen des Verbandes Groß-Berlin die Geschäfte im Auftrage und nach den Weisungen des Magistrats der neuen Stadtgemeinde Berlin fortzuführen.

2. Die sonstigen Zweckverbände, bei denen l e d i g l i c h solche Gemeinden und Gutsbezirke beteiligt sind, die in das Gebiet der neuen Stadtgemeinde einbezogen sind, gelten gleichfalls mit dem 1. Oktober 1920 als aufgelöst. Das Vermögen und die Schulden sowie die Rechte und Pflichten solcher aufgelösten Zweckverbände gehen im Wege der Gesamtrechtsnachfolge auf die neue Stadtgemeinde über.

Der Kanalisationszweckverband Wilmersdorf-Schmargendorf-Zehlendorf-Teltow bleibt zunächst bestehen, und zwar in der Weise, daß an Stelle der drei erstgenannten Gemeinden als deren Gesamtrechtsnachfolgerin die neue Stadtgemeinde Berlin tritt, so daß dieser Zweckverband nach dem 1. Oktober 1920 nur aus Berlin und Teltow besteht. Soll dieser Zweckverband, auf den nunmehr nur noch die Bestimmungen des a l l g e m e i n e n Zweckverbandsgesetzes Anwendung finden, nach dem Willen der Beteiligten aufgehoben werden, so ist die Bestimmung des § 38 des Gesetzes vom 27. April 1920 zu beachten.

3. Die Auflösung oder Umwandlung der sonstigen gegenwärtig noch bestehenden kommunalen Verbände zwischen den Groß-Berliner Kommunen, z. B. des Wohnungsverbandes

Groß-Berlin, des Kohlenverbandes Groß-Berlin, des Lebensmittelverbandes Groß-Berlin usw., bei denen jetzt die neue Stadtgemeinde Berlin an Stelle der früheren Einzelgemeinden und Gutsbezirke tritt, muß der Vereinbarung der Beteiligten und, soweit diese nicht zum Ziele führt, der Entscheidung durch die zuständigen Reichs- und Staatsbehörden überlassen bleiben.

Zu § 4.

1. Das Schiedsgericht ist nur soweit und solange zur Entscheidung berufen, als unter den Beteiligten nicht eine Einigung erfolgt.

2. Das Wort „gegebenenfalls" in Nr. 2 des § 4 ist dahin aufzufassen, daß bei Anstalten und Einrichtungen, die von Berlin übernommen werden, die Interessen der Restverbände mitunter so gering sein werden, daß es für sie keine Benachteiligung bedeutet, wenn sie an der Verwaltung nicht beteiligt werden. Entsprechendes gilt für die Nr. 3 des § 4.

3. Ob der Restverband oder die neue Stadtgemeinde Berlin entsprechend der Beteiligung an den Kosten auch an den Einnahmen einer Anstalt oder Einrichtung fortdauernd teilzunehmen haben, muß nach den Umständen des Einzelfalles unter dem Gesichtspunkt ausgleichender Billigkeit einer solchen Regelung beurteilt werden.

Zu § 5.

1. Durch die Bestimmungen des § 5 ist nur die freiwillige Bildung eines Zweckverbandes zwischen Berlin und der Provinz Brandenburg vorgesehen. Das Schiedsgericht darf daher auch dann nicht zur zwangsweisen Bildung eines Zweckverbandes zwischen Berlin und der Provinz Brandenburg schreiten, wenn es von sich aus im Laufe des Auseinandersetzungsverfahrens zu dem Ergebnis kommen sollte, daß die Bildung eines solchen Zweckverbandes für bestimmte Fragen deren zweckmäßigste Regelung darstelle.

2. Die Prüfung des Schiedsgerichts erstreckt sich nicht nur auf die Gesetzmäßigkeit, sondern auch auf die Zweckmäßigkeit der Satzung; falls das Schiedsgericht einzelne Bestimmungen der ihm zur Bestätigung vorgelegten Satzung abgeändert wissen möchte, darf es diese Abänderungen nicht selbst vornehmen oder die Bestätigung unter der Bedingung der gewünschten Abänderungen erteilen, sondern darf nur Abänderungsvorschläge machen.

3. Die Voraussetzungen einer Satzungsänderung, insbesondere auch die näheren Bestimmungen über die Genehmigung oder Bestätigung der Satzungsänderungen sind in der Satzung selbst zu regeln.

4. Welche Minister für die Ausübung der Staatsaufsicht über die Verbandsangelegenheiten zuständig sind, wird sich erst nach Feststellung der Aufgaben des Zweckverbandes ergeben.

Zu § 6.

Die Entscheidungen aus diesem Paragraphen sind vom Schiedsgericht erst nach dem 1. Oktober 1920 in seiner endgültigen Zusammensetzung (§ 7), nicht in der vorläufigen Zusammensetzung des § 58 Nr. 1 zu treffen. Das vorläufige Schiedsgericht aus § 58 Nr. 1 hat aber die vorbereitenden Maßnahmen zu treffen, besonders für Beschaffung des erforderlichen Materials Sorge zu tragen.

Zu § 7.

1. Stellvertreter des Oberpräsidenten ist der Oberpräsidialrat.

2. Der gegenwärtige Bezirksausschuß von Berlin gilt später ohne weiteres als Bezirksausschuß für die neue Stadtgemeinde Berlin (§ 1 des Gesetzes); daher ist der Verwaltungsgerichtsdirektor dieses Bezirksausschusses kraft Gesetzes Mitglied des Schiedsgerichts.

Falls der Bezirksausschuß von Berlin demnächst zwei oder mehr Verwaltungsgerichtsdirektoren erhalten sollte, sind die sämtlichen Verwaltungsgerichtsdirektoren Mitglieder des Schiedsgerichts.

3. Der Vorsitzende des Schiedsgerichts ist berechtigt, Dezernenten des Oberpräsidiums an den Sitzungen des Schiedsgerichts ohne Stimmrecht teilnehmen zu lassen und ihnen den Vortrag in einzelnen Beratungsgegenständen zu übertragen.

Zu § 9.

Zu diesem Paragraphen ist bereits unter dem 7. und 18. Mai 1920 die Verordnung über die erstmaligen Wahlen zur Stadtverordnetenversammlung der neuen Stadtgemeinde Berlin (Nr. 101 und 107 des Deutschen Reichsanzeigers und Preußischen Staatsanzeigers vom 12. und 20. Mai 1920)*) ergangen.

Der Erlaß einer dauernd geltenden Verordnung über die Durchführung der Wahlen bleibt vorbehalten.

---

*) MinBl. 1920 S. 142 und 165.

Zu § 10.

1. Ein regelmäßiges Ausscheiden eines Teiles der Stadtverordnetenversammlung vor Ablauf der Wahlzeit der gesamten Stadtverordnetenversammlung findet nicht statt.

2. Die Befugnisse der Stadtverordnetenversammlung und ihre Rechtsstellung gegenüber dem Magistrat bestimmen sich nach den Vorschriften der Städteordnung in ihrer jeweils geltenden Form, soweit nicht in diesem Gesetz Abweichungen vorgesehen sind.

Zu § 11.

Die Amtsbezeichnung der Magistratsmitglieder, abgesehen von dem ersten und zweiten Bürgermeister, wird durch Ortsgesetz geregelt. Bis auf weiteres führen die Mitglieder die Amtsbezeichnung „Stadtrat".

Zu § 12.

1. Für die erstmaligen Wahlen der unbesoldeten Magistratsmitglieder gelten die nachfolgenden Bestimmungen:

a) Bei dem Stadtverordnetenvorsteher sind Wahlvorschläge einzureichen.

Die Wahlvorschläge müssen von mindestens 10 Stadtverordneten unterzeichnet sein.

b) Von jedem vorgeschlagenen Bewerber ist eine Erklärung über seine Zustimmung zur Aufnahme in den Wahlvorschlag anzuschließen.

c) Mehrere Wahlvorschläge können durch Erklärung der sämtlichen Unterzeichner miteinander verbunden werden. Verbundene Wahlvorschläge können nur gemeinschaftlich zurückgenommen werden.

Die verbundenen Wahlvorschläge gelten den anderen Wahlvorschlägen gegenüber als ein Wahlvorschlag.

Über die Zulassung der Wahlvorschläge und der Verbindungserklärungen entscheidet ein von der Stadtverordnetenversammlung gewählter Wahlausschuß.

d) Die zugelassenen Wahlvorschläge und Verbindungserklärungen werden unmittelbar vor der Aufforderung zur Abgabe der Stimmzettel verlesen.

e) Gewählt wird mit verdeckten Stimmzetteln.

Über die Gültigkeit der Stimmzettel entscheidet die Stadtverordnetenversammlung.

f) Ungültig sind Stimmzettel:
1. die mit Kennzeichen versehen sind,
2. die keinen oder keinen lesbaren Namen enthalten,
3. aus denen nicht die Person mindestens eines Bewerbers unzweifelhaft zu erkennen ist,
4. die eine Verwahrung oder einen Vorbehalt gegenüber allen Gewählten enthalten,
5. die Namen aus verschiedenen Wahlvorschlägen enthalten,
6. die ausschließlich auf andere als die in den verlesenen Wahlvorschlägen aufgeführten Personen lauten.

Die gültigen Stimmzettel sind ohne Rücksicht auf ihre Vollständigkeit und die Reihenfolge der Benennungen den einzelnen Wahlvorschlägen zuzurechnen.

g) Zwecks Verteilung der Mandate auf die Wahlvorschläge werden die auf die einzelnen Wahlvorschläge entfallenden Stimmzahlen nacheinander durch 1, 2, 3, 4 usw. geteilt, bis aus den sich hierbei ergebenden Teilzahlen soviel Höchstzahlen der Größe nach ausgesondert werden können, als Mandate zu verteilen sind. Jeder Wahlvorschlag erhält soviel Mandate, wie auf ihn Höchstzahlen entfallen. Wenn die an letzter Stelle stehende Höchstzahl auf mehrere Wahlvorschläge entfällt, entscheidet das Los.

h) Bei Verbindung von Wahlvorschlägen wird bei der Verteilung der Mandate auf die einzelnen Wahlvorschläge jede Gruppe verbundener Wahlvorschläge als ein Wahlvorschlag angesehen und ihr die ihrer gesamten Stimmenzahl entsprechende Zahl von Mandaten zugewiesen. Ist so die Zahl der Mandate festgestellt, die auf jede Gruppe verbundener Wahlvorschläge entfallen, so werden nach den Grundsätzen unter g die Mandate auf die einzelnen miteinander verbundenen Wahlvorschläge unterverteilt.

i) Wenn ein Wahlvorschlag oder eine Gruppe verbundener Wahlvorschläge weniger Bewerber enthält, als auf sie Höchstzahlen entfallen, so gehen die überschüssigen Mandate auf die Höchstzahl der anderen Wahlvorschläge über.

k) In dem Wahlvorschlage kann festgesetzt werden, daß für den Fall des Ausscheidens bestimmter Bewerber die Reihenfolge der Ersatzmänner sich in einer näher bestimmten Art ändert.

l) Wird nur ein einziger gültiger Wahlvorschlag eingereicht, so kann von einer Abstimmung abgesehen werden.

2. Zu Magistratsmitgliedern gewählte Stadtverordnete oder Bezirksverordnete können ihr Stadtverordneten- oder Bezirksverordnetenmandat beibehalten (vergl. § 10 des Gesetzes vom 18. Juli 1919*) und § 32 dieses Gesetzes).

3. Ein periodisches Ausscheiden eines Teiles der unbesoldeten Magistratsmitglieder findet nicht statt.

Zu § 13.

1. Die neugewählten beiden städtischen Körperschaften haben baldigst den Erlaß des in Abs. 2 vorgesehenen Ortsgesetzes zu veranlassen und sodann die Besetzung der Deputationen vorzunehmen.**)

2. Durch die Bestimmungen in §§ 42—52 des Gesetzes ist die Bildung von zentralen Deputationen für die Volks-, höheren, mittleren und Fach- und Fortbildungsschulen für das gesamte Gebiet der neuen Stadtgemeinde als Organen des Magistrats zu dessen Entlastung (gemäß § 59 der Städteordnung) nicht ausgeschlossen. Insbesondere wird die Bildung einer zentralen Deputation für das Fach- und Fortbildungsschulwesen unerläßlich sein.

Eine derartige zentrale Deputation für das Volksschulwesen gilt nicht als Schuldeputation im Sinne des Volksschulunterhaltungsgesetzes, sondern nur als einfache Deputation im Sinne des § 59 der Städteordnung. Infolgedessen finden auch auf die Zusammensetzung dieser Deputation nur die Bestimmungen des § 59 der Städteordnung Anwendung. Als Schuldeputationen im Sinne des Volksschulunterhaltungsgesetzes gelten nur die Bezirksschuldeputationen (einschließlich der gemäß § 58 Nr. 13 des Gesetzes gebildeten besonderen Bezirksschuldeputation für den Bezirk der bisherigen Stadt Berlin).

Zu §§ 14 bis 28.

1. Die Durchführung der Dezentralisationsbestimmungen des Gesetzes hat von den Gesichtspunkten der Zweckmäßigkeit und der notwendigen Einheitlichkeit der Verwaltung aus zu erfolgen.

Damit die Teilnahme der Bezirke an der Verwaltung eine lebendige und arbeitsreiche wird, ist grundsätzlich daran festzuhalten, daß die Bezirke in möglichst weitem Umfange an der

---

*) Gesetzsamml. 1919 S. 118. — **) siehe S. 140.

Verwaltung beteiligt werden. Zentral sollen nur diejenigen Dinge verwaltet werden, bei denen die Natur der Sache dies verlangt. Auf den sonstigen Gebieten sollen die städtischen Körperschaften sich darauf beschränken, allgemeine Richtlinien für die örtliche Verwaltung aufzustellen und ihre Durchführung zu überwachen.

2. Die Bezirksversammlung hat im Rahmen der von den städtischen Körperschaften aufgestellten Grundsätze über alle Angelegenheiten des Bezirkes zu beschließen (§ 22 Abs. 1 des Gesetzes). Insoweit deckt sich ihr Wirkungskreis mit dem des Bezirksamts, welches dabei die Verwaltungstätigkeit übernimmt (§ 25 Abs. 1 Satz 1 und Abs. 3). Darüber hinaus hat das Bezirksamt die besonderen Geschäfte zu führen, welche ihm der Magistrat gemäß § 25 Abs. 1 Satz 2 des Gesetzes überweist. Soweit der Magistrat dies tut, steht der Bezirksversammlung eine Beaufsichtigung oder Kontrolle des Bezirksamts nicht zu.

3. Die Abgrenzung der Bezirksangelegenheiten von den allgemeinen städtischen Angelegenheiten erfolgt durch Beschluß beider städtischen Körperschaften. Hierbei werden die Interessen der Bezirksversammlung dadurch wahrgenommen, daß die in ihnen sitzenden Stadtverordneten bei dem Beschlusse der Stadtverordnetenversammlung mitwirken, die Interessen der Bezirksämter dadurch, daß vor der Abgrenzung der Verwaltungsbefugnisse der Magistrat die Vorsitzenden der Bezirksämter in gemeinsamer Beratung zu hören hat.

4. Die Bezirksversammlungen sind innerhalb ihres Wirkungskreises nur an die Grundsätze gebunden, die die städtischen Körperschaften gemäß § 22 des Gesetzes aufstellen. Diese Grundsätze sind im weitesten Sinne zu verstehen und umfassen sowohl formelle als auch materielle Normen.

5. Den Bezirksämtern liegt die Verwaltung aller in ihrem Bezirk belegenen städtischen Einrichtungen und Anstalten ob, soweit sie nicht nach Beschluß der beiden städtischen Körperschaften durch den Magistrat zu verwalten sind.

6. Die Bezirksämter haben einerseits die Beschlüsse der Bezirksversammlungen auszuführen, andererseits sind sie ausführende Organe des Magistrats. Schwierigkeiten, die hieraus entstehen, sind, falls nicht eine Verständigung zwischen Bezirksversammlung und Magistrat gelingt, auf dem Wege der §§ 27, 28 des Gesetzes zu lösen.

7. Dem Bezirksamt steht nicht das Recht zu, die Ausführung der Beschlüsse der Bezirksversammlung von seiner Zustimmung zu ihrem Inhalt abhängig zu machen, soweit nicht ausdrücklich im Gesetz ein übereinstimmender Beschluß beider Bezirkskörperschaften verlangt wird.

8. Durch das Gesetz sind als Lokalbehörden die Bezirksämter, Bezirksdeputationen und Ortsbezirksvorsteher bestimmt. Den städtischen Körperschaften steht demnach nicht das Recht zu, für die Bezirksangelegenheiten besondere Lokalbehörden neben diesen Behörden zu errichten. Unbenommen ist ihnen aber das Recht, für zentral zu verwaltende Geschäftszweige lokale detachierte Dienststellen einzusetzen und für zentral zu verwaltende Anstalten besondere Verwaltungsstellen, Kuratorien usw. einzurichten oder beizubehalten.

Zu § 14.

1. Die Benennung der Verwaltungsbezirke bleibt den städtischen Körperschaften vorbehalten. Auch die Bezeichnung der Verwaltungsbezirke Nr. 1 bis 6 in der Anlage 1 zu dem Gesetz ist keine endgültige, sondern nur eine zur besseren Kennzeichnung dieser Bezirke vorläufig gewählte.

2. Wegen der Umgrenzung des Begriffs der örtlichen Interessen vergleiche die einleitenden Bestimmungen zu §§ 14 bis 28 Nr. 3.

Zu § 15.

1. Die Wahlordnung für die erstmaligen Wahlen der Bezirksverordneten ist unter dem 7. und 18. Mai 1920 vom Minister des Innern besonders erlassen (Nr. 101 und 107 des Deutschen Reichsanzeigers und Preußischen Staatsanzeigers vom 12. und 20. Mai 1920). Für die späteren Wahlen bleibt der Erlaß einer dauernd geltenden Wahlordnung vorbehalten.

2. Schon vor Ablauf der Wahlzeit endet die Amtsdauer der Bezirksverordneten, sobald die Wahlzeit der Stadtverordnetenversammlung abgelaufen oder diese aufgelöst ist.

Zu § 18.

1. Der Ausschluß von der Beratung und Abstimmung darf nur dann stattfinden, wenn das unmittelbare besondere Interesse der betreffenden Persönlichkeit oder seiner Angehörigen, nicht aber eine Eigenschaft, die sie oder ihre Angehörigen besitzen und mit anderen teilen, durch die Beratung und Abstimmung berührt wird. Danach ist beispielsweise ein Hausbesitzer von

den Beratungen über Grundstücksfragen nur dann ausgeschlossen, wenn gerade sein Grundstück den Gegenstand der Beratung und Abstimmung bildet.

2. Wie weit der Kreis der Angehörigen zu ziehen ist, ist im Einzelfalle und auch unter Berücksichtigung der Bedeutung des Gegenstandes der Verhandlungen zu entscheiden.

Zu § 19.

Die absichtlich weit gefaßten Befugnisse des Vorsitzenden zur Handhabung der Sitzungspolizei sollen ihm unter allen Umständen die ungestörte Abhaltung der Sitzung ermöglichen.

Zu § 20.

Die Vorschrift über die Unterzeichnung der Eintragungen durch den Vorsitzenden stellt nur eine Mindestbestimmung dar. Die Geschäftsordnung kann weitere Erfordernisse für die Beurkundung aufstellen.

Zu § 21.

Aus praktischen Gründen werden die Bezirksversammlungen auf eine möglichste Einheitlichkeit der Geschäftsordnung sehen müssen.

Zu § 22.

1. Vergleiche hierzu die einleitenden Bestimmungen zu §§ 14 bis 28.

2. Der Abs. 1 enthält den Grundgedanken des Paragraphen, der in den folgenden Absätzen näher ausgeführt ist; sie heben gewisse wichtige Fälle der Regel des Abs. 1 heraus.

3. Die Bedarfsanmeldungen der Bezirksversammlungen sind, nach näherer Anordnung des Magistrats, so zeitig einzureichen, daß der Gesamthaushalt rechtzeitig fertiggestellt werden kann.

4. Die im Gesamthaushalt den Bezirken überwiesenen Summen dürfen nicht für andere als die vorgesehenen Zwecke verwendet werden. Es sollen aber entweder ausdrücklich Pauschalsummen für gewisse Zwecke ausgeworfen werden, wobei den Bezirken die Unterverteilung zusteht, oder es soll ihnen das Recht eingeräumt werden, eine gewisse Übertragung der einzelnen, den Bezirk betreffenden Ausgabenansätze des Haushalts vorzunehmen. Das Nähere hierüber bestimmen die städtischen Körperschaften bei der Haushaltsfestsetzung.

5. Durch die Bestimmung des letzten Satzes des Absatzes 4 soll nur eine einzelne Befugnis der Bezirksversammlung besonders hervorgehoben werden. Die Bezirksversammlung hat

beispielsweise zu Kontrollzwecken auch das Recht, Ausschüsse aus ihrer Mitte einzusetzen.

6. Unter Ehrenbeamten „des Bezirks" sind diejenigen Ehrenbeamten zu verstehen, die in erster Reihe mit der Erledigung der örtlichen Aufgaben betraut sind, also Mitglieder der Bezirksdeputationen, Armenkommissionen, Schulkommissionen usw.

7. Das Petitionsrecht der Bezirksversammlung als solcher gegenüber den städtischen Körperschaften soll nach den Bestimmungen des Absatzes 6 auf die Angelegenheiten des Verwaltungsbezirks beschränkt bleiben. Wenn sich in einer Bezirksversammlung das Verlangen herausstellt, darüber hinaus allgemeine Angelegenheiten in einer der beiden städtischen Körperschaften zur Sprache zu bringen, so ist es Sache der in der Bezirksversammlung sitzenden Stadtverordneten, zunächst die Stadtverordnetenversammlung für diese Frage zu interessieren.

Zu § 23.

1. Durch Ortsgesetz wird sowohl die Anzahl der besoldeten Bezirksamtsmitglieder als auch die Höhe der Besoldung festgesetzt. Diese Festsetzungen können für die einzelnen Verwaltungsbezirke entsprechend ihrer Größe und Bedeutung voneinander abweichend erfolgen. Es kann daher für jeden Verwaltungsbezirk ein besonderes Ortsgesetz erlassen werden.

(2. Bei der erstmaligen Besetzung des Bezirksamts wählt der Magistrat den Vorsitzenden und dessen Stellvertreter, die Bezirksversammlung die übrigen fünf Mitglieder.)*)

3. Zu Mitgliedern des Bezirksamts gewählte Mitglieder der Stadtverordneten- oder Bezirksversammlung können ihren Sitz in der Stadtverordneten- oder Bezirksversammlung beibehalten.

Zu § 24.

Wegen des Absatzes 4 vergl. die Bestimmungen zu § 18 Nr. 1 und 2.

Zu § 25.

1. Zum Verständnis der Absätze 1 und 3 vergl. die einleitenden Bestimmungen zu §§ 14 bis 28.

2. Insoweit dem Bezirksamt neben den örtlichen Geschäften auch Geschäfte der zentralen Verwaltung vom Magistrat gemäß Absatz 1 Satz 2 übertragen sind, hat das Bezirksamt ausschließlich den Anordnungen des Magistrats, und nicht der Bezirksversammlung, Folge zu leisten.

---

*) § 23 Abs. 3 ist durch Gesetz v. 7. Okt. 1920 aufgehoben.

Zu § 26.

1. Für die Bildung von Bezirksdeputationen ist nach den Bestimmungen in Absatz 1 nicht ein Ortsgesetz, sondern nur ein übereinstimmender Beschluß der beiden Bezirkskörperschaften erforderlich.

2. Das Verhältnis der Bezirksdeputation zum Bezirksamt entspricht dem Verhältnis der zentralen Deputationen zum Magistrat.

Zu § 28.

Ein Verwaltungsstreitverfahren kommt für die Entscheidung des Streitfalles nicht in Betracht.

Zu § 29.

1. Es sind zwei Arten von Ortsbezirksvorstehern zu unterscheiden, je nachdem es sich um einen Ortsbezirk handelt, der nur einen Gebietsteil einer früheren Einzelgemeinde umfaßt, oder um einen solchen, der sich vollkommen oder in der Hauptsache mit dem Gebiet einer früheren Einzelgemeinde oder eines Gutsbezirks deckt. Im ersteren Falle wird der Ortsbezirksvorsteher im wesentlichen eine Ermittlungstätigkeit im Ehrenamt zu erledigen haben gleich den Bezirksvorstehern des § 60 der Städteordnung, im zweiten Falle wird er mehr Verwaltungsbeamter mit gewissen selbständigen Befugnissen sein müssen.

Die besoldeten Ortsbezirksvorsteher unterstehen der Disziplinargewalt des Vorsitzenden des Bezirksamts.

2. Die Entscheidung darüber, ob ein Ortsbezirksvorsteher zu besolden ist, sowie über die Höhe der Besoldung erfolgt durch Beschluß der beiden städtischen Körperschaften, weil die hierdurch entstehenden Ausgaben einen Teil des städtischen Gesamthaushalts bilden.

3. Die Amtsdauer der unbesoldeten Ortsbezirksvorsteher ist nicht an den Ablauf der Amtsdauer der Bezirksversammlung gebunden, von welcher sie gewählt worden sind.

4. Das Gesetz enthält keine eingehenden Bestimmungen über die Wahlen der Beiräte. Es empfiehlt sich, daß die Zentralstellen auf eine Einheitlichkeit der Wahlordnungen hinwirken.

Zu § 31.

Die Amtsentbindung von Bezirksverordneten erfolgt durch Gemeindebeschluß. Die Entbindung von ihrer Tätigkeit in den Bezirksdeputationen erfolgt durch Beschluß der beiden Bezirkskörperschaften.

Zu § 33.

Die Führung der ortspolizeilichen Geschäfte für das Gebiet des neuen Stadtkreises Berlin verteilt sich zwischen dem Polizeipräsidenten von Berlin und dem Oberbürgermeister von Berlin nach denselben Grundsätzen wie vorher die Führung der ortspolizeilichen Geschäfte für das Gebiet des früheren Stadtkreises Berlin zwischen dem Polizeipräsidenten und dem Oberbürgermeister von Berlin.

Zu § 34.

Alle Rechte und Pflichten des Landarmenverbandes der Provinz Brandenburg, die aus der Zugehörigkeit der ausscheidenden Gemeinden und Gutsbezirke zu seinem Bezirk entstanden sind, gehen mit dem 1. Oktober 1920 auf den Landarmenverband der neuen Stadtgemeinde Berlin über. Das gilt insbesondere auch hinsichtlich des Vermögens und der Einkünfte der im Wege der Armenpflege untergebrachten Geisteskranken.

Zu § 35.

Die vom Brandenburgischen Provinziallandtage auf Grund des § 368 Abs. 3 des Wassergesetzes vom 7. April 1913 am 5. März auf 6 Jahre gewählten je vier Mitglieder des Wasserbeirats und ihre Stellvertreter bleiben bis zum Ablauf ihrer Wahlzeit im Amte. Im Falle des vorzeitigen Ausscheidens eines der beiden aus Stadtkreisen gewählten Mitglieder oder eines ihrer Stellvertreter ist die Ersatzwahl nicht wieder vom Brandenburgischen Provinziallandtage, sondern von dem Magistrat und der Stadtverordnetenversammlung der neuen Stadtgemeinde Berlin vorzunehmen.

Bei den Neuwahlen nach Ablauf der jetzigen Wahlzeit im März 1926 sind sowohl vom Brandenburgischen Provinziallandtage wie von dem Magistrat und der Stadtverordnetenversammlung der neuen Stadtgemeinde Berlin je 3 Mitglieder und 3 Stellvertreter zum Wasserbeirat zu wählen.

Von den durch den Provinziallandtag zu wählenden 3 Mitgliedern entfällt abwechselnd die Mehrheit auf die Land- und Stadtkreise, bei der nächsten Neuwahl mit den Landkreisen beginnend.

Zu § 36.

Die Satzungen der Feuersozietäten sind unverzüglich mit den Bestimmungen des § 36 in Einklang zu bringen. Insbesondere sind für das der früheren Stadtgemeinde Berlin hinzutretende Gebiet die Satzungsbestimmungen der städtischen Feuersozietät von Berlin über den Beitrittszwang zu ändern und ebenso die Satzungsbestimmungen der Landfeuersozietät und der Städtefeuersozietät der Provinz Brandenburg, welche die Wählbarkeit zu den Verwaltungsräten von der Wählbarkeit zum Provinziallandtagsabgeordneten abhängig machen. Für eine anteilige Berücksichtigung der in der neuen Stadtgemeinde Berlin wohnenden Mitglieder bei der Zusammensetzung der Verwaltungsräte der provinziellen Feuersozietäten ist Sorge zu tragen. Die bisherigen Mitglieder der Verwaltungsräte aus den in der neuen Stadtgemeinde Berlin zusammengeschlossenen Gemeinden und Gutsbezirken bleiben bis zur Neuwahl in Tätigkeit.

Zu § 37.

Die Satzungen der Stadtschaft der Provinz Brandenburg und des Berliner Pfandbriefinstituts sind unverzüglich mit den Bestimmungen des § 37 in Einklang zu bringen. Dabei müssen die Eigentümer derjenigen Grundstücke, die in das Gebiet der neuen Stadtgemeinde Berlin fallen, anteilig bei der Bildung des Verwaltungsrats der Stadtschaft der Provinz Brandenburg berücksichtigt werden.

Zu § 39.

1. Der Bezirksausschuß der neuen Stadtgemeinde Berlin besteht bis auf weiteres aus 2 Abteilungen. Die zweite Abteilung ist für die Angelegenheiten, welche Steuern, Gebühren und Beiträge betreffen, die erste Abteilung ist für alle übrigen Angelegenheiten zuständig.

2. Auf die Wahl der vom Magistrat und der Stadtverordnetenversammlung zu wählenden Mitglieder und deren Stellvertreter finden die Bestimmungen über die Wahl der unbesoldeten Magistratsmitglieder sinngemäße Anwendung.

3. Vor Beginn eines neuen Geschäftsjahres (Kalenderjahres) bestimmt der Präsident des Bezirksausschusses die Überweisung der gewählten Mitglieder und der stellvertretenden Mitglieder auf die einzelnen Abteilungen. Bei dem Eintritt neugewählter Mitglieder (Stellvertreter) erfolgt die Bestimmung sofort nach ihrem Eintritt. Die den einzelnen Abteilungen überwiesenen gewählten Mitglieder (Stellvertreter) werden zu den Sitzungen nach einer von dem Vorsitzenden der betreffenden Abteilung in der Regel vierteljährlich bestimmten Reihenfolge heran-

gezogen. Will der Vorsitzende von der Reihenfolge aus besonderen Gründen abweichen, so hat er dies in den Akten zu vermerken.

4. Die Neuwahlen sollen möglichst vor dem 1. Oktober 1920 stattfinden.

Zu § 40.

Werden Abteilungen des Stadtausschusses des neuen Stadtkreises Berlin für einzelne Teile des Stadtkreises gebildet, so muß sich die Zuständigkeit jeder Abteilung auf einen oder mehrere ungeteilte Verwaltungsbezirke erstrecken.

Bei der gemäß § 40 Abs. 2 letzter Satz dieses Gesetzes vorzunehmenden Wahl der Mitglieder der einzelnen Abteilungen des Stadtausschusses hat der Magistrat auch deren Vorsitzende zu bezeichnen.

Zu § 53.

1. Das Bürgerrecht ist nur an einen Wohnsitz von sechs Monaten im Bezirk der neuen Stadtgemeinde Berlin geknüpft. Die Bestimmungen der Städteordnung über die Bedeutung des Bürgerrechts (§ 5 Abs. 1 der Städteordnung) sind durch das Gesetz nicht berührt.

Durch die Wahl des Ausdrucks „das Bürgerrecht steht zu" in Nr. 1 des § 53 sind gleichzeitig die Voraussetzungen für den Erwerb und den Verlust des Bürgerrechts umschrieben.

Die Bestimmung des § 74 Abs. 3 der Städteordnung über die zeitweilige Ausschließung von der Ausübung des Bürgerrechts infolge Ablehnung und unberechtigter Niederlegung eines Ehrenamtes bleibt weiter in Wirksamkeit.

2. Die Ausübung des aktiven Wahlrechts ist an einen Wohnsitz von einem Jahre im Bezirk der neuen Stadtgemeinde geknüpft.

Zu § 54.

Der neugewählte Magistrat hat alsbald zu prüfen, für welche Gegenstände das Bedürfnis zur Einführung des gleichen Ortsrechts für das gesamte Gebiet der neuen Stadtgemeinde am dringendsten ist, und die erforderlichen Maßnahmen vorzubereiten.

Zu §§ 55 bis 57.

1. Die Regelung in §§ 55 bis 57 beschäftigt sich nur mit den besoldeten Beamten, nicht aber mit den unbesoldeten Beamten, den Angestellten und den Arbeitern.

Hinsichtlich der Ehrenbeamten erübrigte sich in diesem Zusammenhange, wo es sich um die wirtschaftliche Seite des Beamtenverhältnisses handelt, die Aufnahme besonderer Vorschriften (vergl. dagegen z. B. § 30 und § 58 Nr. 4 Abs. 2 und Nr. 7).

Die Rechtslage hinsichtlich der Angestellten und Arbeiter ist gemäß § 2 dieses Gesetzes die, daß die neue Stadtgemeinde als Gesamtrechtsnachfolgerin in die von den Angestellten und Arbeitern mit den Einzelgemeinden abgeschlossenen Privatdienstverträge eintritt.

2. Die von der Regelung des § 55 betroffenen Beamten, die nicht in ihren früheren Ämtern weiter beschäftigt werden können, sind verpflichtet, gleichwertige Ämter mit gleichem Gehalt, gleicher Pension und Hinterbliebenenversorgung zu übernehmen.

3. Über den Begriff der Gleichwertigkeit ist in dem Gesetz nichts gesagt. Bei der Mannigfaltigkeit der in Betracht kommenden Ämter sollen der praktischen Handhabung der Gesetzesbestimmung nicht durch eine zu enge Begriffsbestimmung unnötige Schwierigkeiten bereitet werden. Der Ausgangspunkt bei der Auslegung des Begriffs der Gleichwertigkeit wird die Bestimmung des § 87 Nr. 1 des Disziplinargesetzes vom 21. Juli 1852 sein.

Die Übertrittspflicht des § 55 gilt auch für die auf eine bestimmte Zeit gewählten Beamten und auch dann, wenn die Übertragung des neuen Amts auf einer Wahl beruht.

Aus der Streichung der in der Regierungsvorlage vorgesehenen Bestimmungen über die gleiche Bewertung der Ämter von Magistratsmitgliedern einer Einzelgemeinde und von Bezirksamtsmitgliedern ist nicht die Schlußfolgerung zu ziehen, daß solche Ämter nicht als gleichwertige anzusehen seien.

4. Die Bestimmungen der beiden letzten Sätze in § 55 Abs. 1 und des letzten Satzes in § 57 haben die Bedeutung, daß bei Meinungsverschiedenheiten über die Frage der Gleichwertigkeit des neuen Amts bis zur Entscheidung durch den Oberpräsidenten die Dienstweigerung des Beamten für ihn in vermögensrechtlicher Beziehung keine nachteiligen Folgen hat, und daß der Entscheidung des Oberpräsidenten beide Teile zunächst Folge leisten müssen.

5. Für die Zwischenzeit zwischen den Entscheidungen des Oberpräsidenten und des ordentlichen Gerichts tritt ein Gehaltsverlust stets dann ein, wenn der Beamte entgegen der

Entscheidung des Oberpräsidenten sein Amt nicht angetreten hat; ein Gehaltsverlust tritt trotz Dienstverweigerung nie ein, wenn die Entscheidung des Oberpräsidenten dahin gelautet hat, daß das neue Amt dem früheren nicht gleichwertig sei.

6. Welche als die „beteiligte" Beamtenorganisation im Sinne des § 57 des Gesetzes zugezogen werden soll, entscheidet im Zweifel der Oberpräsident.

7. Die Übertrittspflicht des § 55 wird nur für die Beamten der früheren Einzelgemeinden und Gutsbezirke, der voll in Berlin aufgehenden Amts- und Zweckverbände und des Verbandes Groß-Berlin ausgesprochen. Nicht betroffen werden die Beamten der Restkreise, der Restprovinz (vergl. oben die Bestimmungen zu § 1) und der Restamtsverbände. Soweit letztere nicht anderweit beschäftigt werden können und eine einstweilige Versetzung in den Ruhestand nicht vorgesehen ist, müssen sie vom Restamtsverband weiter besoldet werden.

8. Die Landesversicherungsanstalt Brandenburg hat baldmöglichst die Zahl der Beamten — getrennt nach Beamtengruppen —, die vom 1. Oktober 1920 ab infolge Durchführung dieses Gesetzes in ihren früheren Ämtern nicht weiter beschäftigt werden können, festzustellen. Alsdann ist innerhalb der einzelnen Beamtengruppen festzustellen, welche Beamten die Übernahme in den Dienst der Landesversicherungsanstalt Berlin wünschen. Sodann finden nach vorheriger Übersendung der Personalakten dieser Beamten an die Landesversicherungsanstalt Berlin am Sitze dieser Anstalt Verhandlungen zwischen beiden Anstalten über die Übernahme unter Zuziehung von Vertretern der beiderseitigen Beamtenausschüsse statt. Soweit eine Einigung nicht erzielt wird, entscheidet gemäß § 57 des Gesetzes der Oberpräsident.

Bei späterem infolge der Vergrößerung ihres Bezirks eintretenden Mehrbedarf an Beamten hat während der nächsten fünf Jahre die Landesversicherungsanstalt Berlin in jedem Falle vor der Einstellung neuer Beamten zunächst bei der Landesversicherungsanstalt Brandenburg anzufragen, ob dort für die jeweiligen Zwecke geeignete und zum Übertritt in den Dienst der Landesversicherungsanstalt Berlin bereite Beamte verfügbar sind, und bejahendenfalls diese nach Maßgabe der Bestimmungen des Abs. 1 zu übernehmen.

Vor der Entscheidung über Streitigkeiten gemäß § 57 des Gesetzes soll der Oberpräsident neben dem Magistrat die Vorstände der beiden Anstalten hören.

Zu § 58.

Allgemeine Bestimmungen.

1. Der Abbau der bestehenden und die Einsetzung der neuen Gemeindekörperschaften und -organe soll Schritt für Schritt erfolgen, je nachdem die Selbstverwaltungsorgane den richtigen Zeitpunkt für gekommen erachten.

Die Durchführung des Gesetzes soll sich in 3 Stufen vollziehen.

Die erste Stufe läuft von der Verkündung des Gesetzes bis zum 1. Oktober 1920. In diesem Zeitraum soll die neue Stadtverordnetenversammlung zusammentreten, den neuen Magistrat wählen, mit ihm gemeinsam die Deputationen einrichten und weitere vorbereitende Maßnahmen für die Durchführung des Gesetzes treffen, insbesondere die möglichst baldige Einführung einer einheitlichen Finanzwirtschaft und eines einheitlichen Ortsrechts (§ 54 des Gesetzes) vorbereiten. Außerdem sollen die Bezirksversammlungen gewählt werden, damit sie jederzeit einberufen werden können.

Die zweite Stufe läuft für jeden Verwaltungsbezirk vom 1. Oktober 1920 bis zur Einführung der eigentlichen Bezirksverwaltung (Zusammentreten der Bezirksversammlung und des Bezirksamts). Am 1. Oktober wird die zentrale Verwaltung der neuen Stadtgemeinde von dem neugewählten Magistrat und der neugewählten Stadtverordnetenversammlung in vollem Umfange übernommen; mit demselben Tage gelten die sämtlichen Stadtverordnetenversammlungen und Gemeindevertretungen der in die neue Stadtgemeinde Berlin einbezogenen Gemeinden als aufgelöst. In Tätigkeit bleiben neben dem Magistrat, der Stadtverordnetenversammlung und den zentralen Deputationen des neuen Berlin die Magistrate, Gemeindevorstände, Gemeindevorsteher, Gutsvorsteher und die Deputationen und Kommissionen der früheren Einzelgemeinden. (Auch die Gemeindeverwaltungsbehörden der gegenwärtigen Stadtgemeinde Berlin bleiben weiter in Tätigkeit.) Sie führen die örtliche Verwaltung als Organe des neuen Magistrats weiter bis zum Zusammentreten von Bezirksversammlung und Bezirksamt und haben die notwendigen Vorbereitungen für die Einsetzung der neuen örtlichen Bezirksorgane zu treffen. Während dieses Zeitraumes kann nach Maßgabe der Nr. 5 für Teile des einzelnen Verwaltungsbezirkes bereits eine Vereinheitlichung de Verwaltung durchgeführt werden.

Die dritte Stufe beginnt mit der Tätigkeit der beiden Bezirkskörperschaften in dem einzelnen Verwaltungsbezirk. Hiermit ist der Übergangszustand abgeschlossen.

2. Danach wird in der Übergangszeit die örtliche Verwaltung lediglich von den Gemeindevorständen (Gemeindevorstehern) der früheren Einzelgemeinden und den Gutsvorstehern geführt. An ihre Stelle sollen tunlichst bald die neuen Bezirkskörperschaften treten. Der Zeitpunkt, an welchem in dem einzelnen Verwaltungsbezirk die neuen Bezirkskörperschaften ihre Tätigkeit beginnen, wird durch Beschluß beider städtischen Körperschaften bestimmt. Die Gemeindevorstände (Gemeindevorsteher) der früheren Gemeinden und die Gutsvorsteher müssen ihre Tätigkeit bis zu diesem Zeitpunkte fortführen, dürfen sie aber nicht über diesen Zeitpunkt hinaus weiterführen, d. h. es darf weder einen Zeitraum ohne örtliche Verwaltung noch einen solchen mit zwei örtlichen Verwaltungen nebeneinander geben. Durch die Bestimmung des Satzes 1 in Nr. 4 Abs. 1 ist dem Magistrat der neuen Stadtgemeinde formell die Prüfung der Frage auferlegt, w a n n die Vorbereitungen für die Einsetzung der neuen Bezirkskörperschaften zu Ende geführt sind und die Gemeindevorstände (Gemeindevorsteher) der früheren Gemeinden und die Gutsvorsteher ihre Tätigkeit einstellen können.

3. Als Sitz der Verwaltung der neuen Stadtgemeinde wird bis zur anderweiten Bestimmung durch die neuen städtischen Körperschaften von Berlin das Gebiet der bisherigen Stadt Berlin bestimmt.

4. Zu den einzelnen Nummern des § 58 wird folgendes bestimmt:

Zu Nr. 2. Hierzu ist die Verordnung des Ministers des Innern vom 7. und 18. Mai 1920 (Nr. 101 und 107 des Deutschen Reichsanzeigers und Preußischen Staatsanzeigers vom 12. und 20. Mai 1920) über die erstmaligen Stadtverordneten- und Bezirksverordnetenwahlen ergangen.

Die Stadtverordnetenversammlung hat alsbald die Wahl des neuen Magistrats vorzunehmen. Gemeinsam mit dem Magistrat hat sie sodann dafür Sorge zu tragen, daß die Verwaltungsdeputationen und -kommissionen rechtzeitig in Tätigkeit treten können. Ein weiteres dringendes Geschäft ist die möglichst baldige Aufstellung eines Haushaltsplans für die neue Stadtgemeinde. Weitere wichtige Aufgaben werden die Durchführung der Dezentralisation und die Herbeiführung eines einheitlichen Ortsrechts (§ 54 des Gesetzes) für das Gebiet der neuen Stadtgemeinde sein.

Zu Nr. 4. Die Magistrate (Deputationen, Gemeindevorstände usw.) gelten nach dem 1. Oktober 1920 als Organe des Magistrats der neuen Stadtgemeinde Berlin und haben die Geschäfte nach dessen Anordnungen und im Sinne einer einheitlichen Verwaltung Berlins weiterzuführen, bis sie durch die neuen Bezirkskörperschaften abgelöst werden.

Es steht nichts im Wege, daß ein Mitglied des Magistrats einer früheren Einzelgemeinde, das in den Magistrat der neuen Stadtgemeinde gewählt wird, beide Ämter nebeneinander versieht, wenn und solange dies vom Magistrat als zweckmäßig angesehen wird.

Unter den „zuständigen" Körperschaften im Sinne dieser Nummer sind bis zum 1. Oktober 1920 die Körperschaften der bisherigen Einzelgemeinden mit den aus Nr. 8 Abs. 3 sich ergebenden Maßgaben, für die spätere Zeit die Körperschaften der neuen Stadtgemeinde zu verstehen.

Die Deputationen, Kommissionen und Ausschüsse bleiben in ihrer bisherigen Zusammensetzung vorläufig weiter bestehen. Auch solche Stadtverordnete, deren Amt an sich infolge Auflösung der Stadtverordnetenversammlung (Gemeindevertretung) am 1. Oktober 1920 erloschen wäre, behalten Sitz und Stimme in den Deputationen und Kommissionen.

Zu Nr. 5. Der Regelfall der Nr. 5 wird der sein, daß in einem Gutsbezirk oder einer kleineren Landgemeinde der Gutsvorsteher oder der Gemeindevorsteher (Gemeindevorstand) ausgeschieden ist. Die Einstellung von neuen Beamten für vorübergehende Zeit soll nach Möglichkeit vermieden werden.

Zu Nr. 6. Der Magistrat hat bei seiner Befugnis, erledigte Stellen in den Magistraten, Gemeindevorständen sowie erledigte Gemeindevorsteherstellen einstweilen durch andere Kommunalbeamte zu besetzen, Härten möglichst zu vermeiden.

Zu Nr. 7. Die neugewählten Bezirksvorsteher (§ 60 Städteordnung) bleiben nur solange im Amt, bis Ortsbezirksvorsteher eingesetzt werden. Ortsbezirksvorsteher im Sinne des § 29 des Gesetzes können erst eingesetzt werden, nachdem die beiden örtlichen Bezirkskörperschaften ihre Tätigkeit begonnen haben.

Zu Nr. 8.

1. Die Bestimmung in Absatz 2 soll die schleunige Feststellung des Haushaltsplans der neuen Stadtgemeinde er-

möglichen. Wo der Haushaltsplan einer Einzelgemeinde noch nicht festgesetzt ist, ist ungesäumt der von der Gemeindeverwaltungsbehörde aufgestellte Entwurf des Haushaltsplans dem Magistrat gemäß Absatz 2 einzureichen.

2. Die Bestimmungen in Absatz 3 und 4 sind Sperrmaßnahmen für die Zeit vom vierzehnten Tage nach der Verkündung des Gesetzes bis zur Feststellung des Haushaltsplans der neuen Stadtgemeinde.

Die Finanzwirtschaft der in § 1 des Gesetzes genannten Gemeinden hat sich, auch wenn sie einen Haushaltsplan für 1920/21 schon festgestellt haben, von dem obengenannten Zeitpunkt ab bis zum 1. Oktober 1920 nicht nach diesem Haushaltsplan, sondern nach den Bestimmungen der Absätze 3 und 4 zu richten.

3. Auch bei Beschlüssen der Gemeindekörperschaften, die vor der Verkündung des Gesetzes gefaßt sind, ist vor der Leistung von Ausgaben in jedem einzelnen Falle zu prüfen, ob die Voraussetzungen des Absatz 3 der Nr. 8 gegeben sind.

Sollte am 1. Oktober 1920 der Haushaltsplan der neuen Stadtgemeinde noch nicht fertiggestellt sein, so führen die Verwaltungsbehörden der früheren Einzelgemeinden bis zur Fertigstellung des Gesamthaushaltsplanes die Finanzwirtschaft gemäß Nr. 4 und Nr. 8 Absatz 3 einstweilen weiter.

Zu Nr. 9. Die Eingriffe der beiden städtischen Körperschaften der neuen Stadtgemeinde in die Verwaltung der noch bestehenden Einzelgemeinden sind auf das nötige Mindestmaß zu beschränken.

Zu Nr. 10. Die vorbereitenden Feststellungen des Oberpräsidenten sind so rechtzeitig zu treffen, daß die Neuwahlen unmittelbar nach dem 1. Oktober 1920 stattfinden können. Wo die Sachlage es erfordert, können im Interesse einer ungestörten Fortführung der Verwaltung die Neuwahlen schon vor dem 1. Oktober 1920 stattfinden; die neugewählten Mitglieder treten in diesem Falle ihr Amt erst mit dem 1. Oktober 1920 an.

Berlin, den 29. Juni 1920.

Der Minister des Innern.

In Vertretung:

Freund.

Ausführungsbestimmungen

zu dem Gesetz vom 7. Oktober 1920 (Gesetzsamml. S. 435) zur

Änderung des Gesetzes

über

die Bildung einer neuen Stadtgemeinde Berlin

vom 27. April 1920 (Gesetzsamml. S. 123).

Zu Artikel 1.

Einer Neuwahl des Oberbürgermeisters, des Bürgermeisters und der 8 Fachstadträte bedarf es nicht.

Dagegen sind die übrigen 20 Mitglieder des Magistrats neu zu wählen, hiervon mindestens 12 unbesoldete nach den Grundsätzen der Verhältniswahl gemäß den zu § 12 des Gesetzes vom 27. April d. Js. erlassenen Ausführungsbestimmungen vom 29. Juni d. Js.

Zu Artikel 2.

Die Wahl der 7 Mitglieder der Bezirksämter einschließlich des Vorsitzenden und seines Stellvertreters erfolgt durch die Bezirksversammlung.

Zu Artikel 3.

Die Obliegenheiten des Oberbürgermeisters ergeben sich aus § 62 der Städteordnung vom 30. Mai 1853. Hinsichtlich der Führung der ortspolizeilichen Geschäfte für das Gebiet des neuen Stadtkreises Berlin wird auf die Ausführungsbestimmungen vom 29. Juni d. Js. zu § 33 verwiesen.

Zu Artikel 4.

Die bisherigen Magistrate (Deputationen, Gemeindevorstände usw.) bleiben in ihrer bisherigen Zusammensetzung vorläufig weiterbestehen und führen ihre Geschäfte mit den durch das Gesetz gebotenen Einschränkungen fort. Sie haben jedoch dabei den Anordnungen des Magistrats der alten Stadtgemeinde Berlin gemäß Artikel 3 des Gesetzes vom 7. Oktober 1920 zu entsprechen, bis der Magistrat der neuen Stadtgemeinde Berlin gebildet ist.

Soweit die Ausführungsbestimmungen vom 29. Juni d. Js. mit vorstehenden Anordnungen in Widerspruch stehen, werden sie hiermit aufgehoben.

Berlin, den 11. Oktober 1920.

Der Minister des Innern.
In Vertretung:
Freund.

Ortsgesetz

für die Durchführung der Verhältniswahl der Stadtverordneten und stimmfähigen Bürger zu den Verwaltungsdeputationen und sonstigen ständigen Verwaltungskörpern (§ 13 des Gesetzes vom 27. April 1920) vom 28. Oktober 1920.

---

§ 1.

Die Wahl der Stadtverordneten und stimmfähigen Bürger zu den Verwaltungsdeputationen und sonstigen ständigen städtischen Verwaltungskörpern (§ 59 der Städteordnung) erfolgt durch die Stadtverordneten nach den Grundsätzen der Verhältniswahl.

§ 2.

Die Wahlvorschläge sind schriftlich bei dem Stadtverordnetenvorsteher bis zum Beginn der Wahlhandlung einzureichen.

§ 3.

Die Wahlvorschläge sollen von mindestens 8 Mitgliedern unterschrieben sein.

§ 4.

Mehrere Wahlvorschläge können durch Erklärung der sämtlichen Unterzeichner miteinander verbunden werden. Verbundene Wahlvorschläge können nur gemeinschaftlich zurückgenommen werden.

Die verbundenen Wahlvorschläge gelten den anderen Wahlvorschlägen gegenüber als ein Wahlvorschlag.

§ 5.

Die Wahl erfolgt durch Stimmzettel. Über die Gültigkeit der Stimmzettel entscheiden die Stadtverordneten.

§ 6.

Zwecks Verteilung der Mandate auf die Wahlvorschläge werden die auf die einzelnen Wahlvorschläge entfallenden Stimmzahlen nacheinander durch 1, 2, 3, 4 usw. geteilt, bis aus den sich ergebenen Teilzahlen soviel Höchstzahlen der Größe nach ausgesondert werden können, wie Mandate zu verteilen sind.

Jeder Wahlvorschlag enthält soviel Mandate, wie Höchstzahlen auf ihn entfallen. Wenn die an letzter Stelle stehende Höchstzahl auf mehrere Wahlvorschläge entfällt, entscheidet das Los.

§ 7.

Der Stadtverordnetenvorsteher kann, wenn von keinem Mitglied der Versammlung widersprochen wird, von den obigen Vorschriften abweichen.

Berlin, den 28. Oktober 1920.

Druck von Otto Walter in Berlin S 14.

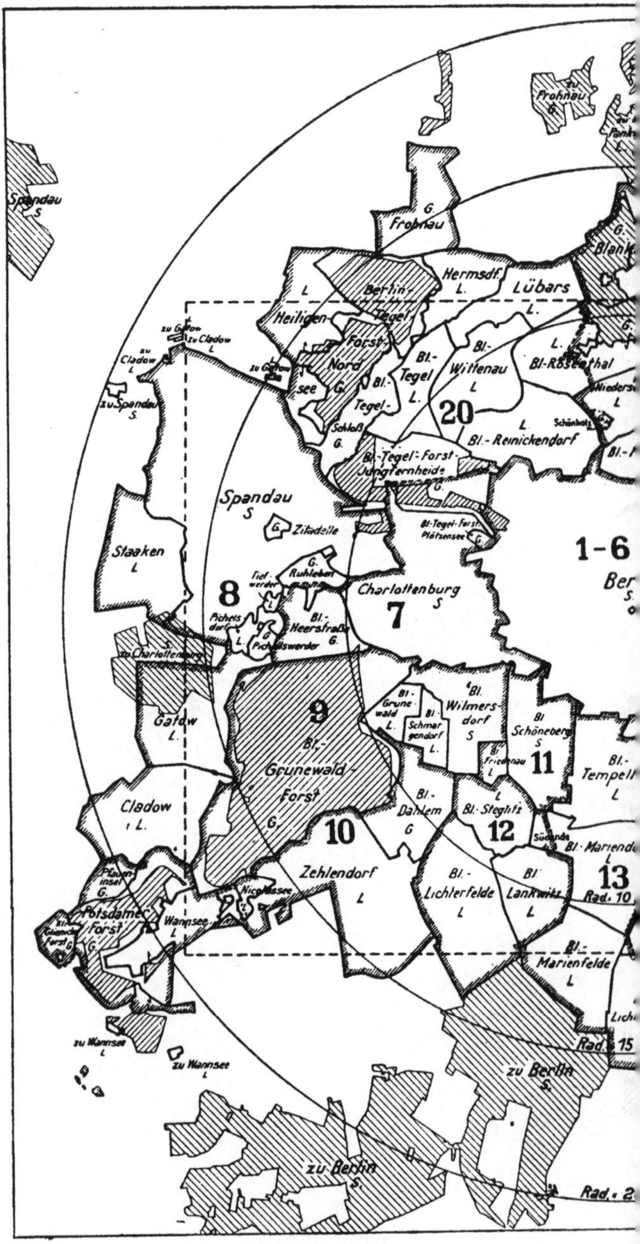
Spandau S.
zu Frohnau G.
zu Pankow L.
G. Frohnau
Blank...
Hermsdf. L.
Lübars L.
Berlin-Tegel
Heiligensee
Forst-Nord G.
L.
zu Gatow
zu Cladow L.
zu Cladow L.
zu Gatow
zu Spandau S.
Bl.-Tegel L.
Bl.-Wittenau L.
Bl.-Rosenthal
L.
Bl.-Tegel-Schloß G.
20
L. Schönholz
Bl.-Reinickendorf
Niedersch.
Bl.-Tegel-Forst-Jungfernheide
G.
Spandau S
G. Zitadelle
Bl.-Tegel-Forst Plötzensee G.
1-6
Ber S.
Staaken L
8
Tiefwerder
G. Ruhleben
Charlottenburg S
7
Pichelsdorf
Bl.-Heerstraße G.
G. Pichelswerder
zu Charlottenburg
9
Bl.-Grunewald-Forst G.
Bl.-Grunewald L.
Bl.-Schmargendorf L.
Bl.-Wilmersdorf S
Bl. Schöneberg S
11
Bl. Friedenau L
Bl.-Tempelhof L
Gatow L.
Cladow L.
10
Bl.-Dahlem G
Bl.-Steglitz
12
Südende
Bl.-Mariendorf L
13
Rad. 10
Zehlendorf L
Bl.-Lichterfelde L
Bl.-Lankwitz L
Pfaueninsel G.
Potsdamer Forst G.
Kleinglienicker Forst G
Wannsee L
Nicolassee
Bl.-Marienfelde L
Lich...
Rad. 15
zu Wannsee L
zu Wannsee L
zu Berlin S.
zu Berlin S.
Rad. 2...

= 𝔚

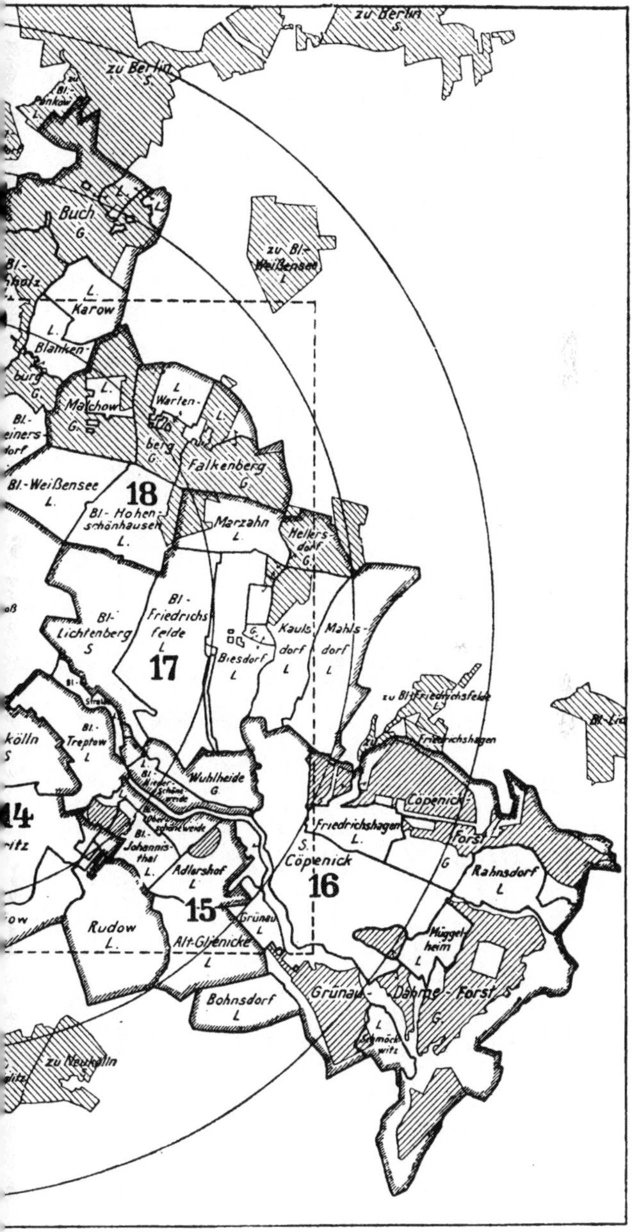

zu Berlin S.
zu Berlin S.
Bl.-Pankow L.
Buch G.
zu Bl.-Weißensee L.
Karow
Blankenburg G.
Malchow G.
Wartenberg G.
Falkenberg G.
Bl.-Weißensee L.
18
Bl.-Hohenschönhausen L.
Marzahn L.
Hellersdorf G.
Bl.-Lichtenberg S
Bl.-Friedrichsfelde L
17
Biesdorf L
Kaulsdorf L
Mahlsdorf L
zu Bl.-Friedrichsfelde L.
Friedrichshagen
Bl.-Treptow L
Wuhlheide G.
Cöpenick-Forst
Friedrichshagen L.
S. Cöpenick
16
Rahnsdorf L
Bl.-Johannisthal L.
Adlershof L
15
Grünau L
Müggelheim L
Rudow L.
Alt-Glienicke L
Bohnsdorf L
Grünau-Dahme-Forst
Schmöckwitz
zu Neukölln S.
14

Guttentagsche Sammlung

Deutscher Reichs- und Preußischer Gesetze

einschließlich

de Gruytersche Sammlung Deutscher Gesetze

(Handkommentare)

Systematisches Verzeichnis

September 1929

Walter de Gruyter & Co., Berlin W 10 und Leipzig

Bürgerliches Recht

Bürgerliches Gesetzbuch

Band **Reichsgesetze:**

88/39. **Bürgerliches Gesetzbuch nebst Einführungsgesetz.** Von A. Achilles. In Verbindung mit F. André, O. Meyer, O. Strecker, K. v. Unzner herausgegeben von M. Greiff. 12. Auflage. — 1926. 24.—

84. **Sammlung kleinerer privatrechtlicher Reichsgesetze.** Von G. Müller. — 1903. 5.50

129. **Zivilrechtkriegsgesetze.** Von J. Fischer. — 1918. 1.50

116. **Kriegs-Zivil- und Finanzgesetze.** 3. Auflage. — 1915. 1.50

116 a. Desgl. Zweite Folge: Jahr 1915. — 1916. 1.20

Preußische Gesetze:

23. **Ausführungsgesetze zum Bürgerlichen Gesetzbuche.** Von P. Siméon. 3. Auflage. — 1914. 2.20

Textausgaben:

Bürgerliches Gesetzbuch nebst Einführungsgesetz. 16. Auflage. — 1928. 5.—

Schuldverhältnisse insbesondere

Reichsgesetze:

34. **Die Abzahlungsgeschäfte.** 3. Auflage von E. Wilke. — 1910. 1.20

93. **Sicherung der Bauforderungen.** Von E. Harnier. 3. Auflage. — 1912. 1.50

55. **Beschlagnahme von Lohn- und Gehaltsforderungen.** Von G. Meyer. 6. Auflage. — 1927. Mit Nachtrag 1928. 4.50

70. **Das Reichshaftpflichtgesetz.** Von G. Eger. — 1903. Vergriffen.
Als Ersatz: F. Seligsohn, **Haftpflichtgesetz.** — 1920. (Außerhalb der Sammlung.) 8.—, geb. 9.50

94. **Die Beamtenhaftpflichtgesetze des Reiches und der Länder.** Von H. Delius. 4. Auflage. — 1929. 10.—

52. **Rechte der Besitzer von Schuldverschreibungen.** Von H. Göppert. 2. Auflage von E. Trendelenburg. — 1915. 1.50

50. **Der Viehkauf (Viehgewährschaft).** Von H. Stölzle. 6. Auflage. — 1926. 15.—

90. **Das Internationale Privatrecht.** Die Haager Abkommen über. Von G. Bogeng. — 1908. 2.—
98. **Sechs Haager Abkommen über Internationales Privatrecht.** H. Dungs. — 1910. 1.50

Preußische Gesetze:

87. **Enteignung von Grundeigentum.** Von O. Meyer. 3. Auflage. — 1927. 5.50

Sachenrecht insbesondere

de Gruyter'sche Sammlung Deutscher Gesetze (Handkommentare):

Aufwertungsrecht von R. Michaelis. — 1926. Mit Nachtrag 1927. 16.—

Nachtrag einzeln —.30

Reichsgesetze:

135. **Erbbaurecht.** Von H. Günther. — 1919. 2.—
42. **Grundbuchordnung.** Von O. Fischer und R. Fischer. 9. Auflage. — 1927. 5.—
156. **Mietrecht und Wohnungsmangelgesetz.** Von O. Krieg. 4. Auflage. — 1928. 10.—

Textausgaben:

Aufwertungsgesetze mit Einleitung. Von R. Michaelis. — 1925. Mit Nachtrag 1927. 1.50

Reichsmietengesetz. — 1922. —.50

Familienrecht und Erbrecht

Reichsgesetze:

45. **Entmündigungsrecht.** Von P. Koll. — 1900. 1.20
58. **Recht der unehelichen Kinder.** Von H. Jastrow. — 1901. Mit Nachtrag 1925. 1.60
47. **Deutsches Vormundschaftsrecht.** Von M. Schultzenstein und P. Köhne. 2. Auflage. — 1901. Vergriffen.
124. **Todeserklärung Kriegsverschollener.** Von J. Partsch. — 1917. 2.—
59. **Beurkundung des Personenstandes und die Eheschließung.** Von F. Fibler. 2. Auflage. — 1912. 2.30

Preußische Gesetze:

8. **Nottestamente.** Von E. Kurtz. — 1904. 1.50

Handelsrecht

Reichsgesetze:

4. **Handelsgesetzbuch** ohne Seerecht. Von F. Litthauer und A. Mosse. 17. Auflage. Von E. Heymann. — 1926. 14.—
162. **Handelsrechtl. Nebengesetze.** Von O. Schreiber. — 1926. 14.—
169. **Bank- und Börsengesetze.** Von A. Nußbaum. — 1927. 11.—
41. **Börsengesetz.** Von Th. Hemptenmacher. 3. Auflage von O. Meyer. — 1915. 3.50
26. **Münz- und Notenbankwesen.** Von R. Koch. 7. Auflage von H. Schacht. — 1925. 14.—
117. **Darlehnskassengesetz.** Von H. Salomon u. K. Bud. — 1915. 1.80
40. Gesetz, betr. die **Pflichten der Kaufleute bei Aufbewahrung fremder Wertpapiere (Depotgesetz).** Von F. Lusensky. 3. Auflage. — 1916. Mit Nachtrag 1924/25. 1.—
24. **Aktiengesellschaft und Kommanditgesellschaften auf Aktien.** Von H. Keyßner und H. V. Simon. 7. Auflage. In Bearbeitung.
32. **Gesellschaften mit beschränkter Haftung.** Von L. Parisius, H. Crüger und A. Crecelius. 18. Auflage. — 1928. 3.50
29. **Erwerbs- und Wirtschaftsgenossenschaften.** Von L. Parisius, H. Crüger, A. Crecelius und Fr. Citron. 19. Auflage. — 1928. 4.—
51. **Hypothekenbankgesetz.** Von H. Göppert. 3. Auflage von M. Friedländer. 1929. Im Druck.
100. **Kaligesetz.** Von B. Boelkel. — 1910. 2.40
167. **Verordnung** gegen **Mißbrauch wirtschaftlicher Machtstellungen** (Kartellgesetz). Von W. Staffel. — 1927. 3.50
115. **Das vertragliche Wettbewerbsverbot (Konkurrenzklausel).** Von G. Baum. — 1914. 3.—
113. **Postscheckgesetz.** Von J. Weiland. — 1914. Mit Nachtrag 1918. Vergriffen.
113 a. **Postscheckordnung.** Von J. Weiland. — 1914. Mit Nachtrag 1918. 1.50
85. **Scheckgesetz.** Von M. Apt. Vergriffen. Neue Auflage von W. Schmidt. In Bearbeitung.
Kommentar von R. Michaelis. — 1927. (Außerhalb der Sammlung.) 16.—, geb. 18.—
5. **Wechselordnung.** Von J. Stranz und M. Stranz. 12. Auflage. — 1923. Mit Nachtrag 1926, enthaltend **Wechselstempelgesetz und Scheckgesetz.** 3.50
Nachtrag einzeln —.60

36. **Privatrechtliche Verhältnisse der Binnenschiffahrt und Flößerei.** Von E. Löwe. 6. Auflage. — 1923. 4.—
19. **Die Seegesetzgebung.** Von W. E. Knitschky. 5. Auflage von O. Rudorff. — 1913. 8.—

Preußische Gesetze:

54. **Anlegung von Sparkassenbeständen in Inhaberpapieren.** Von H. Döhring. — 1914. 2.80
21. **Handelskammern.** Von F. Lusensky. 2. Aufl. — 1909. 3.—

Textausgaben:

Handelsgesetzbuch mit **Seerecht.** 11. Auflage. — 1924. 2.60
Wechselordnung. — 1928. Mit Anhang: Wechselprozeß und Nebengesetze. — 1928. 1.50

Versicherungsrecht

Reichsgesetze:

62. **Private Versicherungsunternehmungen.** Von H. Koenige. 3. Auflage von H. Koenige und A. Petersen. — 1927. 20.—
83. **Versicherungsvertrag.** Von P. Hager und E. Bruck. 6. Auflage. — 1929. 14.—
164. **Aufwertung von Versicherungsansprüchen.** Teil I: **Lebensversicherungen.** Von L. Berliner und E. Pfaffenberger. — 1926. 6.50
164 a. Desgl. Teil II: **Sach-** (Feuer-, Glas-, Wasser- usw.) **und Transportversicherung, Unfall- und Haftpflichtversicherung.** — 1926. Mit Nachtrag 1927. 3.50
Nachtrag einzeln —.30

Gewerberecht

Reichsgesetze:

6. **Gewerbeordnung** für das Deutsche Reich nebst **Kinderschutzgesetz** und **Hausarbeitsgesetz.** Von Fr. Hiller und H. Luppe. 21. Auflage. — 1928. Mit Nachtrag, enthaltend Handwerksnovelle vom 11. Juni 1929. 11.—
64. **Handel mit Drogen und Giften,** Gesetzsammlung, betr. den. Von H. Sonnenfeld. 3. Auflage. — 1926. 12.—
48. **Drogen-, Gift- und Farbenhandel außerhalb der Apotheken,** Gesetze, betr. den. Von J. Broh. — 1899. 1.20

130. **Ersatzlebensmittelverordnung.** Von H. E. Wendel. — 1918. 1.50

54. **Nahrungsmittelgesetze** mit Erläuterungen. Von Georg Lebbin. 2. Auflage in zwei Bänden.
   a) I. **Lebensmittelgesetz** vom 5. Juli 1927 mit Nebengesetzen Margarine, Fleisch, Milch, Süßstoff, Essigsäure usw.). Von G. Lebbin und R. Gießner. — 1928. 8.50
   b) II. **Getränkegesetze und Getränkesteuergesetze** (Wein, Bier, Branntwein, Mineralwasser). Unter Mitarbeit von K. Kniebe. — 1926. 10.—

65. **Weingesetz.** Von G. Lebbin. 2. Auflage. — 1909. Vergriffen.

71. **Kinderarbeit in gewerblichen Betrieben.** Von H. Spangenberg. 2. Auflage. — 1904. 1.20

Preußische Gesetze:

16. **Konzessionierung gewerblicher Anlagen.** Von W. v. Rüdiger. 2. Auflage. — 1901. Vergriffen.

Textausgaben:

Gewerbeordnung, Preußische Ausführungsanweisung zur. — 1904. 1.—

Arbeitsrecht

Reichsgesetze:

138 a. **Arbeiterschutz und Arbeitsrecht.** Von A. Günther. 2. Auflage. Teil I: **Arbeitszeitschutz.** Von R. Schneider und A. Günther. — 1927. 7.50

138 c. Teil II: **Schwerbeschädigtengesetz.** Von R. Schneider und A. Günther. — 1928. 8.—

138 d. Teil III: **Stillegungsverordnung.** Von R. Schneider und A. Günther. — 1929. 6.50

138 b. **Betriebsrätegesetz.** Von A. Günther. — 1920. Vergriffen.

168. **Arbeitsgerichtsgesetz.** Von H. Depène. — 1927. 8.60

74. **Die Kaufmannsgerichte.** Von M. Apt. 3. Auflage. — 1904. Vergriffen.

112. **Kaufmannsgerichtsgesetz.** Von H. Depène. — 1914. 2.60

112 a. **Kaufmanns- und Gewerbegerichtsgesetz nebst Schlichtungsordnung.** (Erg.-Band zu Bd. 112.) Von H. Depène. — 1924. 3.50
Die Bde. 112 und 112 a enthalten zusammen den vollständigen Text des Gewerbegerichtsgesetzes.

Preußische Gesetze:

58. **Arbeitsnachweis.** Von P. Wölbling. — 1920. 1.—

Sozialpolitische Gesetze

Reichsgesetze:

106—109. **Reichsversicherungsordnung.** Von F. Caspar und A. Spielhagen. 1913-1922. 4 Bände. Komplett. 18.—

161. **Reichsversicherungsordnung.** Von K. Lippmann. — 1925. 11.—

161 a. Desgl. **Ergänzungsband,** enthaltend die neue Fassung des **Unfallversicherungsgesetzes** sowie die Änderungen der übrigen Bücher der RVO. — 1926. 4.—

161 b. Desgl. **Zweiter Ergänzungsband.** 2., vermehrte Auflage nach dem Stand vom 1. Juli 1928. — 1928. —.80

161 c. Desgl. **Dritter Ergänzungsband.** Nach dem Stand vom 1. Juli 1929. — 1929. 1.—

155. **Reichsknappschaftsgesetz.** Von M. Reuß und F. Hense. 2. Auflage. — 1926. Mit Nachtrag 1927. 12.—

152. **Wohlfahrtsgesetze.** Von E. Behrend und H. Stranz-Hurwitz. Teil I. — 1923. 5.—

152 a. Desgl. Teil II. — 1925. 9.—

152 und 152 a zusammen bezogen 12.—

165. **Arbeitslosenversicherung.** Von H. Schmeißer. Im Druck.

160. **Fürsorgepflicht.** Von E. Sandré. — 1925. 6.—

154. **Jugendwohlfahrt und Jugendgerichtsgesetz.** Von P. Drewes und E. Sandré. 2. Auflage von P. Drewes. — 1928. 11.—

172. **Die reichs- und landesrechtlichen Bestimmungen auf dem Gebiete des Gesundheitswesens.** Von W. Voß. 1929. 11.—

Textausgaben:

Versicherungsgesetz für Angestellte. 2. Auflage. — 1927. 2.50

Geistig-gewerblicher Rechtsschutz

Reichsgesetze:

81. **Urheberrecht an Werken der bildenden Künste und der Photographie.** Von L. Fuld. 2. Auflage. — 1926. 6.—

60. **Das Urheberrecht an Werken der Literatur und der Tonkunst.** Von O. Lindemann. 4. Auflage. — 1921. 1.80

102. **Urheberrecht an Mustern und Modellen** und Schutz von **Gebrauchsmustern.** Von J. Neuberg. — 1911. 2.40

95. Die Berner Übereinkunft über **Internationales Urheberrecht.** Von H. Dungs. — 1910. 1.—

61. **Verlagsrecht.** Von B. Marwitz. 3. Auflage. — 1922. 1.60

22. **Patentgesetz.** Von R. Lutter. 9. Auflage. — 1928. 10.—

87 a. **Das deutsche Warenzeichenrecht.** Von Freund und Magnus. 6. Auflage von Jüngel und Magnus.
Teil I: **Die internationalen Verträge.** — 1924. 9.—
Teil II: **Das deutsche Recht.** In Bearbeitung.

37. **Unlauterer Wettbewerb.** Von A. Pinner und A. Elster. 8. Auflage. — 1927. 5.—

Zivilprozeß

de Gruytersche Sammlung Deutscher Gesetze (Handkommentare):

Zivilprozeßordnung. Von R. Sydow, L. Busch und W. Krantz. 19. Auflage. — 1926. 25.—

Reichsgesetze:

14. **Gerichtsverfassungsgesetz.** Von R. Sydow. Fortgeführt von L. Busch. 10. Auflage. — 1925. 6.—

15. **Das deutsche Gerichtskostengesetz.** Von R. Sydow. Fortgeführt von L. Busch und O. Krieg. 11. Auflage. 1928. 7.50

17. **Gebührenordnung für Rechtsanwälte usw.** Von R. Sydow. Fortgeführt von L. Busch und O. Krieg. 13. Auflage. — 1929. 9.—

16. **Rechtsanwaltsordnung.** Von R. Sydow. 5. Auflage von M. Jacobsohn. — 1907. Mit Nachtrag 1910. Vergriffen.

80. **Gerichtliche Registerführung.** Von O. Lindemann. — 1906. 2.40

Preußische Gesetze:

17. **Preußisches Gerichtskostengesetz.** Von P. Siméon. 8. Auflage von O. Lindemann. — 1928. 8.—

35. **Geschäftsordnung für Gerichtsvollzieher.** Von E. Exner. — 1904. 3.—

Textausgaben:

Zivilprozeßordnung mit **Gerichtsverfassungsgesetz und Einführungsgesetzen.** — 1924. 3.50

Freiwillige Gerichtsbarkeit

Reichsgesetze:

46. **Freiwillige Gerichtsbarkeit.** Von H. Jastrow. 7. Auflage von H. Günther. — 1928. 9.—

76. **Die Rechtshilfe im Verkehr mit den ordentlichen Gerichten.** Von A. Friedländer. — 1906. 1.50

163. **Notariatsrecht.** Von F. Szkolny und L. Kober. — 1925. 8.50

Preußische Gesetze:

4. **Gebührenordnung für Notare** vom 28. Oktober 1922. Von J. Rausnitz. 6. Auflage. — 1925. 7.—

29. **Ärztliche Ehrengerichte, das Umlagerecht und die Kassen der Ärztekammern.** Von F. Fidler. — 1901. 1.50

Textausgaben:

Freiwillige Gerichtsbarkeit. — 1920. 1.—

Konkursordnung und Zwangsvollstreckung

Reichsgesetze:

13. **Konkursordnung, Vergleichsordnung und Anfechtungsgesetz.** Von R. Sydow. Fortgeführt von L. Busch und O. Krieg. 15. Auflage. — 1929. 12.—

127. **Geschäftsaufsicht zur Abwendung des Konkurses.** Von G. Klien und E. Jaeger. — 1917. Durch Nachträge ergänzt. 3.—

43. **Zwangsvollstreckung in das unbewegliche Vermögen.** Von J. Krech und O. Fischer. 10. Auflage von O. Fischer. — 1929. 5.—

Textausgaben:

Konkursordnung. 2. Auflage. — 1915. Mit Nachtrag 1927. 1.50
Nachtrag einzeln —.80

Strafrecht

Reichsgesetze:

2. **Strafgesetzbuch.** Von Fr. v. Liszt und E. Delaquis. 28. Auflage von E. Kohlrausch. — 1928. 8.—
9. **Sammlung kleinerer strafrechtlicher Reichsgesetze.** Von R. H. Kriegsmann. 3. Auflage. — 1910. 4.—
53. **Reichspreßgesetz.** Von A. Born. 3. Auflage. — 1924. 4.—
133. **Reichswuchergesetzgebung.** Von Ad. Lobe. — 1918. 2.80
67. **Militärstrafgesetzbuch.** Von A. Romen und E. Rissom. 3. Auflage. — 1918. Vergriffen.
173. **Schußwaffengesetz.** Von E. Wündisch. — 1928. 5.—

Preußische Gesetze:

84. Sammlung der wichtigsten **preußischen Strafgesetze.** Von O. Lindemann. 2. Auflage. — 1912. 3.50
86. **Polizeiverordnungen in Preußen.** Von O. Lindemann. 2. Auflage. — 1912. 2.50

Textausgaben:

Strafgesetzbuch. — 1925. 3.—

Strafprozeß

de Gruytersche Sammlung Deutscher Gesetze (Handkommentare):

Strafprozeßordnung und Gerichtsverfassungsgesetz. Von A. Feisenberger. — 1926. Mit Nachtrag 1927. 17.—
Nachtrag einzeln —.80

Reichsgesetze:

12. **Strafprozeßordnung und Gerichtsverfassungsgesetz.** Von E. Kohlrausch. 21. Auflage. — 1927. 7.50
158. **Strafprozeßordnung und Gerichtsverfassungsgesetz.** Alte und neue Fassung synoptisch gegenübergestellt. Von A. Feisenberger. — 1924. Mit Nachtrag 1927. 4.50
8. **Militärstrafgerichtsordnung.** Von A. Romen und E. Rissom. 2. Auflage. — 1918. 5.—
128. **Verhaftung und Aufenthaltsbeschränkung.** Von A. Romen. — 1917. 1.20
78. **Entschädigung für unschuldig erlittene Verhaftung und Bestrafung.** Von A. Romen. — 1904. 1.70

Textausgaben:

Strafprozeßordnung. 5. Auflage. — 1924. Mit Nachtrag 1927. 2.50

Öffentliches Recht

Staatsrecht

Reichsgesetze:

137. **Reichsverfassung.** Von A. Arndt. 3. Auflage. — 1927. 8.—
166. **Das deutsche Ausländerrecht.** Von W. Fraustädter und M. Kreutzberger. — 1927. 9.—
86. **Die Auslieferungsverträge des Deutschen Reiches.** Von A. Cohn. — 1908. 4.—
44. **Auswanderungswesen.** Von F. Stoerk. — 1899. 2.—
134. **Der Ostfrieden.** Von K. Strupp. — 1918. 3.—
111. **Reichs- und Staatsangehörigkeitsgesetz.** Von A. Romen. 2. Auflage. In Bearbeitung.
141. **Sozialisierungsgesetze.** Von O. Reter. — 1920. 2.20
174. **Internationale Schiedssprechung.** Von H. Kraus. — 1929. 10.—
99. **Die Abkommen der Haager Friedenskonferenz.** Vergriffen. Jetzt: H. Wehberg, **Völkerbundakte.** — 1919. (Außerhalb der Sammlung.) 4.—

Preußische Gesetze:

1. **Die Verfassung des Freistaats Preußen.** Von A. Arndt. — 1921. 2.—
   Ausführlicher Kommentar von Fr. Stier-Somlo. — 1921. (Außerhalb der Sammlung.) 8.—

Textausgaben:

Verfassung des Freistaates Preußen. — 1921. —.60

Verwaltungsrecht

a) Reichsrecht

Reichsgesetze:

82. **Reichsbeamtengesetz.** Von A. Arndt. 3. Auflage. — 1923. Mit Nachtrag, enthaltend die Änderungen bis 1924. 3.50
122. **Belagerungszustand.** Von H. Bürschel. — 1916. 3.50
85. **Die Reichs-Eisenbahngesetzgebung.** Von W. Coermann. — 1895. Vergriffen.
66. **Die Eisenbahngesetzgebung.** Von W. Pietsch. 2. Auflage. — 1913. Vergriffen.
91. **Eisenbahn-Verkehrsordnung.** Von E. Blume. 4. Auflage von W. Weirauch. — 1928. 9.—

147. **Filmzensur.** Von Szczesny. — 1920. 1.50

68. **Fleischbeschaugesetz.** Von G. Lebbin und G. Baum. — 1903. 2.80

27. **Gesundheitswesen im Deutschen Reich.** — 1888. Vergriffen.

56. **Bekämpfung gemeingefährlicher Krankheiten.** Von B. Burkhardt. — 1900. 1.20

63. **Gesetzestafel des deutschen Reichsrechts.** Von H. Bruhns. 2. Auflage. — 1913. 3.—

49. **Deutsche Kolonialgesetzgebung.** Von Ph. Zorn. 2. Auflage von Sassen. — 1913. 5.—

21. **Die Konsulargesetzgebung.** Von Ph. Zorn. 8. Auflage von K. Zorn. — 1911. 4.50

75. **Konsulargerichtsbarkeit.** Von A. F. Vorwerk. — 1908. 1.60

92. **Verkehr mit Kraftfahrzeugen.** Von R. Kirchner. 4. Auflage. In Vorbereitung.
Außerhalb der Sammlung: **Der Kraftfahrzeugverkehr.** Von G. Aumer. 2. Auflage. — 1928. 4.50

119. **Kriegsleistungsgesetz.** Vergriffen.

118. **Militärhinterbliebenengesetz.** Von Reh. — 1915. 2.20

79. **Die Militärpensionsgesetze.** Von A. Romen. Vergriffen.

136. **Militärversorgungsgesetz.** Von H. Günther. — 1919. 2.30

7. **Post- und Telegraphen-Gesetzgebung.** Von P. D. Fischer. 7. Auflage. I. Teil: **Postrecht.** Von E. Staedler. 15.—

120. **Telegraphenwegegesetz.** Von C. Wolf. — 1916. 1.—

148. **Reichsausgleichsgesetz.** Von E. Decke. — 1920. 1.50

150. **Reichsschädengesetze.** Von A. Hohenstein und W. Goldbaum. — 1922. 4.—

97. **Schutzgebietsgesetz.** Von J. Gerstmeyer. — 1910. 2.50

105. **Das Geldwesen in den deutschen Schutzgebieten.** Von W. Hintze. — 1912. 1.80

140. **Die Siedelungsgesetzgebung im Reich und in Preußen.** Von W. Holzapfel. — 1920. 3.—

125. **Vaterländischer Hilfsdienst.** 3. Auflage. — 1917. 1.—

88. **Vereinsgesetz.** Von A. Romen. 5. Auflage. In Bearbeitung.

33. **Vereins- und Versammlungsrecht.** Von E. Ball. 2. Auflage von F. Friedenthal. — 1907. 2.—

103. **Reichs-Viehseuchengesetz.** Von W. v. Hippel. 2. Auflage. — 1913. 4.—

89. **Vogelschutzgesetz.** Von L. v. Boxberger. — 1909. 1.—
69. Reichsgesetz über die **Naturalleistungen der bewaffneten Macht im Frieden.** Von W. v. Hippel. — 1903. 1.—
114. **Waffengebrauch und Festnahmerecht des Militärs.** Von A. Romen und C. Rissom. — 1914. 1.80
142. **Wirtschaftliche Demobilmachung.** Von Gg. Fischbach. — 1920. 1.—
170. **Luftrecht.** Von R. Busse. 1928. 10.—
171. **Seewasserstraßenordnung.** Von J. Sebba. — 1928. 8.50
173. **Schußwaffen und Munition.** Von E. Wündisch. — 1928. 5.—

b) Landesrecht

Preußische Gesetze:

48. **Zweckverbandsgesetz für Groß-Berlin.** Von L. Brühl, K. Gordan und W. Ledermann. — 1912. 4.—
50. **Gesetz, betr. die Anlegung und Veränderung von Straßen und Plätzen in Städten und ländlichen Ortschaften.** Von O. Meyer. — 1913. 3.—
46. **Austritt aus der Landeskirche.** Von H. Caro. — 1911. 2.40
2. **Preußische Beamtengesetzgebung.** Von K. Pfafferoth. 5. Auflage. — 1916. 2.40
51. **Das preußische Disziplinargesetz für die nichtrichterlichen Beamten.** Von E. v. Dultzig. — 1914. 4.20
25. **Preußische Kommunalbeamtengesetzgebung.** Von F. Kremski. — 1901. 3.—
22. **Anstellung und Versorgung der Kommunalbeamten.** Von W. Ledermann. 2. Auflage von L. Brühl. — 1914. 2.—
26. **Diensteinkommen der Lehrer und Lehrerinnen.** Von E. Cremer. — 1900. 2.20
12. **Allgemeines Berggesetz.** Von W. Schlüter und Fr. Hense. 4. Auflage. In Vorbereitung.
47. **Feuerbestattung.** Von W. Lohmann. — 1912. 1.50
28. **Die Fürsorgeerziehung Minderjähriger.** Von P. F. Aschrott. 3. Auflage. — 1917. 2.80
31a/b. **Die preußischen Gesindeordnungen.** Zwei Bände. Von St. Gerhard. 5.50
24. **Die Hinterlegungsordnung (1879).** Von G. Bartels. 2. Auflage. — 1908. 2.—
53. **Hinterlegungsordnung** von 1913. Von R. Hagemann. — 1914. 2.20

41. **Die preußischen Jagdpolizeigesetze,** siehe Nr. 63.

19. **Jagdscheingesetz.** Von F. Kunze. 2. Auflage. — 1899. 2.—

45. **Rechtsverhältnisse der Juden in Preußen.** Von M. Kollenscher. — 1910. 2.40

15. **Die Kreisordnungen.** Von O. Kolisch. — 1894. Vergriffen.

57. **Landeskulturbehörden.** Von W. Holzapfel. — 1919. 2.—

42. **Allgemeine Landesverwaltung und Zuständigkeit der Verwaltungs- und Verwaltungsgerichtsbehörden.** Von K. Friedrichs. 3. Auflage. — 1927. 5.—

44. **Quellenschutzgesetz.** Von C. Boelkel. — 1909. 1.—

33. **Rentenguts- und Anerbenrechtsgesetzgebung.** Vergriffen.

30. **Preußisches Staatsschuldbuch und Reichsschuldbuch.** Von J. Mücke. — 1902. 2.—

59. **Bildung der neuen Stadtgemeinde Berlin.** Von P. Wölbling. 2. Auflage. — 1920. 1.40

32. **Städteordnung.** Von W. Ledermann und L. Brühl. 2. Auflage. — 1913. 6.—

56. **Das preußische Tumultschadengesetz.** Von Br. Friedländer. — 1919. —.80

60. **Umlegungsordnung.** Von W. Holzapfel. — 1921. 1.80

43. **Verschuldungsgrenze** für land- und forstwirtschaftlich benutzte Grundstücke. Von R. Leweck. — 1908. 2.40

49. **Gesetze gegen die Verunstaltung landschaftlich hervorragender Gegenden.** Von O. Goldschmidt. — 1912. 2.40

40. **Verwaltungsstrafverfahren.** Von R. Katzenstein. — 1907. 3.50

39. **Unterhaltung der öffentlichen Volksschulen.** Von A. Marcks. — 1906. 1.80

52. **Preußisches Wassergesetz.** Von G. Wulff und F. Herold. 2. Auflage von G. Wulff. — 1928. 12.—

55. **Preußisches Wohnungsgesetz.** Von B. Schmittmann. — 1918. 2.60

62. **Das preußische Fischereigesetz.** Von A. Born. — 1928. 7.50

63. **Die preußischen Jagdgesetze.** Von A. Born. — 1928. 8.—

64. **Die preußischen Baupolizeigesetze.** Von H. Heine. — 1928. 8.—

Steuerrecht

Reichsgesetze:

143. **Reichsabgabenordnung.** Von A. Nieberl. 2. Auflage. — 1927. Mit Nachtrag 1928. 12.—

126. **Besitzsteuergesetz.** Von A. Mrozek. Vergriffen.

151. **Einkommensteuer und Körperschaftsteuer.** Von A. Hollaender. — 1926. Mit Nachtrag, enthaltend die Änderungen vom 22. Dezember 1927. 24.—

77. **Das Erbschaftssteuergesetz.** Von B. Hendel. — 1920. Vergriffen. Neue Fassung von H. Schachian. 4. Auflage. — 1926. (Außerhalb der Sammlung.) 2.50

54 b. **Nahrungsmittelgesetze** mit Erläuterungen. Von Georg Lebbin. 2. Auflage in zwei Bänden. II. **Getränkegesetze und Getränkesteuergesetze** (Wein, Bier, Branntwein, Mineralwasser). Unter Mitwirkung von K. Kniebe. — 1926. 10.—

139. **Grunderwerbsteuergesetz.** Von O. Lindemann. 2. Auflage. — 1926. Mit Nachtrag 1927. 4.—
Nachtrag einzeln —.80

159. **Industriebelastungsgesetz.** Von H. Höpker. — 1925. 4.—

121. **Direkte Kriegssteuer.** Von A. Mrozek. — 1916. 3.50

131 a. **Reichsfinanzgesetzgebung 1918.** Bd. I: **Getränkesteuern.** Von G. Mayer. — 1918. 2.50

131 b. **Reichsfinanzgesetzgebung 1918.** Bd. II: **Einkommen, Umsatz** usw. Von G. Mayer. — 1919. 1.50

149. **Reichsnotopfergesetz.** Von A. Friedmann und R. Wrzeszinsky. — 1921. 4.—

18. **Reichsstempelgesetz.** Von P. Loeck. Vergriffen. Wird durch Kapitalverkehrssteuergesetz ersetzt. Erläuterte Ausgabe in Bearbeitung.

145. **Steuer- und Kapitalflucht.** Von E. H. Meyer. 2. Auflage. — 1921. 1.60

157. **Dritte Steuernotverordnung vom 14. Februar 1924** mit den Vorschriften über **Aufwertung.** 2. Auflage unter dem Titel: **Aufwertungsrecht.** Von R. Michaelis. — 1926. Mit Nachtrag 1927. 16.—
Nachtrag einzeln —.80

132. **Umsatzsteuergesetz.** Von O. Lindemann. 4. Auflage. — 1926. 10.—

110. **Wehrbeitragsgesetz.** Von A. Fernow. 2. Auflage. — 1913. 1.60

146. **Tabaksteuergesetz.** Von Fr. Wündisch. — 1920. Mit Nachtrag 1925. 4.—
Nachtrag einzeln 1.50
78. **Zigarettensteuergesetz.** Von W. Cuno. Vergriffen.
101. **Zuwachssteuergesetz.** Von W. Cuno. Vergriffen.
153. **Zwangsanleihegesetz.** Von H. V. Simon und W. Beutner. — 1923. 8.—

Preußische Gesetze:

20. **Die preußischen Erbschaftssteuergesetze.** Von U. Hoffmann. — 1905. 3.—
13. **Ergänzungssteuergesetz.** Von A. Fernow. 5. Auflage. 1914. 3.—
11. **Gewerbesteuergesetz.** Von A. Fernow. Vergriffen.
14. **Kommunalabgabengesetz.** Von F. Adickes. 6. Auflage von Falk. — 1922. 3.50
38. **Kreis- und Provinzialabgabengesetz.** Von F. Schmidt. — 1906. 1.20
18. **Preußisches Stempelsteuergesetz.** Von P. Loeck. 10. Auflage von K. Eiffler. — 1928. 13.—
61. **Preußische Verwaltungsgebührenordnung.** Von K. Eiffler. — 1925. Mit Nachtrag 1925. 6.—
27. **Warenhaussteuer.** Von G. Strutz. — 1900. 1.20

Textausgaben:

Erbschaftsteuergesetz. Neue Fassung von H. Schachian. 4. Auflage. — 1926. 2.50
Reichssteuergesetze 1925 (Steuerüberleitungsgesetz mit Durchführungsbestimmungen — Einkommensteuer, Körperschaftssteuer, Reichsbewertungsgesetz, Vermögensteuer, Erbschaftsteuer). — 1925. 4.—
Wehrbeitrag und **Besitzsteuer.** — 1913. —.50
Zuwachssteuergesetz. — 1911. —.50
—, **Ausführungsbestimmungen.** — 1911. —.40

Kolibri 360 GmbH
Ferdinand-Jühlke-Straße 7
99095 Erfurt, Deutschland
produktsicherheit@kolibri360.de